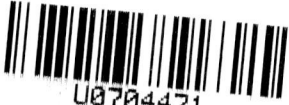

全国革命老区县发展史丛书·广东卷

梅州市梅江区革命老区发展史

梅州市梅江区革命老区发展史编委会　编

SPM 南方出版传媒　广东人民出版社
·广州·

图书在版编目（CIP）数据

梅州市梅江区革命老区发展史 / 梅州市梅江区革命老区发展史编委会编. —广州：广东人民出版社，2020. 7
（全国革命老区县发展史丛书·广东卷）
ISBN 978-7-218-14004-9

Ⅰ. ①梅…　Ⅱ. ①梅…　Ⅲ. ①区（城市）—地方史—梅州
Ⅳ. ①K296. 54

中国版本图书馆 CIP 数据核字（2019）第 242558 号

MEIZHOUSHI MEIJIANGQU GEMING LAOQU FAZHANSHI
梅州市梅江区革命老区发展史
梅州市梅江区革命老区发展史编委会　编

出 版 人：肖风华

责任编辑：廖智聪　李尔王
装帧设计：张力平
责任技编：吴彦斌　周星奎

出版发行：广东人民出版社
地　　址：广州市海珠区新港西路 204 号 2 号楼（邮政编码：510300）
电　　话：（020）85716809（总编室）
传　　真：（020）85716872
网　　址：http://www.gdpph.com
印　　刷：广州市浩诚印刷有限公司
开　　本：715mm×995mm　1/16
印　　张：18.25　　插　　页：12　　字　　数：220 千
版　　次：2020 年 7 月第 1 版
印　　次：2020 年 7 月第 1 次印刷
定　　价：70.00 元

如发现印装质量问题，影响阅读，请与出版社（020-85716849）联系调换。
售书热线：（020）85716826

广东省编纂《革命老区县发展史》丛书
指导小组

组　长：陈开枝（广东省老区建设促进会会长）

副组长：林华景（广东省老区建设促进会常务副会长）

宋宗约（广东省农业农村厅二级巡视员、广东省老区建设促进会副会长）

刘文炎（广东省老区建设促进会副会长）

郑木胜（广东省老区建设促进会副会长）

姚泽源（广东省老区建设促进会副会长兼秘书长）

谭世勋（广东省老区建设促进会副会长）

廖纪坤（广东省农业农村厅总经济师）

办公室

主　任：姚泽源（兼）

副主任：韦　浩（广东省农业农村厅扶贫协作与老区建设处处长）

柯绍华（广东省老区建设促进会副秘书长）

伍依丽（广东省老区建设促进会副秘书长）

在举国欢庆新中国成立70周年前夕，中国老区建设促进会王健会长请我为《全国革命老区县发展史》丛书作序，作为一名在老区战斗过并得到老区人民生死相助的老兵，回首往事，心潮澎湃，感慨万千，深感义不容辞，欣然应允。

中国革命老区，是以毛泽东为代表的中国共产党人在领导人民推翻帝国主义、封建主义和官僚资本主义三座大山，争取民族独立和人民解放伟大斗争中建立的革命根据地，在这片红色的土地上，诞生了无数可歌可泣的革命英雄儿女，为后人树起了一座不朽的丰碑，她是新中国的摇篮，是党和军队的根。

在艰苦卓绝的战争年代，老区人民把自己的命运与中华民族的命运紧紧地联系在一起，与中国共产党和人民军队的命运紧紧地联系在一起，他们生死相依，患难与共。我曾亲历过战争年代，并得到过老区红哥红嫂的救助，切身感受到发生在身边的一幕幕撼天动地的革命故事，在那极其艰难的条件下，老区人民倾其所有、破家支前，不怕艰难困苦，不怕流血牺牲。“最后一碗米送去做军粮，最后一尺布送去做军装，最后一件老棉袄盖在担架上，最后一个亲骨肉送去上战场”，这是当时伟大的老区人民为建立新中国做出巨大牺牲的真实写照，它将永远镌刻在中国共产党、中国人民解放军、中华人民共和国的历史丰碑上。他们的光辉业绩永载史册，他们的革命精神必将影响一代又一代的革命新人，造就一代又一代的民族脊梁。

在社会主义革命和建设时期，革命老区和老区人民响应党的号召，面对落后的面貌、脆弱的经济、恶劣的生态环境，他们本色不变，精神不丢，自力更生，艰苦奋斗，干一行爱一行。始终坚持“革命理想高于天”，自觉做共产主义远大理想的坚定信仰者和忠实实践者，勇于向恶劣的自然环境和贫穷落后宣战，他们在各条战线上为国建功立业，用平凡的双手创造了一个又一个不平凡的奇迹，彰显了老区人的崇高精神和人格力量。

在改革开放的伟大进程中，老区人民解放思想，勇于创新，发奋图强，攻坚克难，老区的经济社会建设取得了辉煌成就。特别是在改变中国的面貌、中华民族的面貌、中国人民的面貌、中国共产党的面貌的伟大实践中发挥了至关重要的作用。老区人民既是改革开放的参与者，也是改革开放的推动者。

艰苦练意志，危难见精神。老区人民在近百年的革命战争、社会主义建设和改革开放的伟大实践中，孕育形成了伟大的老区精神：爱党信党、坚定不移的理想信念；舍生忘死、无私奉献的博大胸怀；不屈不挠、敢于胜利的英雄气概；自强不息、艰苦奋斗的顽强斗志；求真务实、开拓创新的科学态度；鱼水情深、生死相依的光荣传统。这是党和人民宝贵的精神财富、丰厚的政治资源，是凝心聚力、振奋民族精神的重要法宝，也是社会主义核心价值观的重要内容。

中国老区建设促进会怀着强烈的政治责任感和历史使命感，组织全国各地老促会人员克服困难，尽心竭力编纂《全国革命老区县发展史》丛书，记录老区的光辉历史和辉煌成就，传承红色基因，弘扬老区精神，是功在当代、利及千秋的一件大事。手捧这部丛书的部分书稿，读着书中的故事，倍感亲切，深感这部丛书具有资政、育人、存史的社会功能，有着重要的时代和历史价值。它是不忘初心、牢记使命的源头活水，是赞颂共产党、讴歌老区人民的一部精品力作，是弘扬老区精神、传承红色记忆的丰厚载体，是一项继承优秀传统文化、弘扬革命文化、发展社会主义先进文化，坚定“四个自信”的宏大文化工程。它必将成为一种文化品牌，为各界人士了解老区宣传老区支持老区提供一部有价值的研究史料。希望读者朋友们能从中了解并牢记这些为党和民族的利益不断奉献的老区人民，从中得到教益，汲取人生奋斗的精神动力。

新时代赋予新使命，新起点开启新征程。让我们更加紧密地团结在以习近平同志为核心的党中央周围，坚持以习近平新时代中国特色社会主义思想为指导，增强“四个意识”，坚定“四个自信”，做到“两个维护”，弘扬老区精神，铭记苦难辉煌。为实现“两个一百年”奋斗目标，实现中华民族伟大复兴的中国梦作出新的更大的贡献！

2019 年 4 月 11 日

编写说明

2017 年 6 月，中国老区建设促进会组织全国各地老促会启动编纂《全国革命老区县发展史》丛书，按照“建立中国共产党、成立中华人民共和国、推进改革开放和中国特色社会主义事业”三大里程碑的历史脉络，系统书写革命老区百年历史，深入挖掘革命老区红色文化资源，这对于充实丰富中国革命史籍宝库、在新时代传承红色基因、弘扬革命精神、强固根本，对于激励人们在新的历史条件下夺取中国特色社会主义伟大胜利，实现中华民族伟大复兴的中国梦具有重要意义。

丛书编纂以习近平新时代中国特色社会主义思想为指导，以《中国共产党历史》《中国共产党的九十年》等重要文献为基本依据，以党的领导为核心，以老区人民为主体，以老区发展为主线，体现历史进程特征，突出时代发展特色，坚持辩证唯物主义和历史唯物主义相统一、历史真实性与内容可读性相统一的原则，书写革命老区从站起来、富起来到强起来的光辉革命史、不懈奋斗史、辉煌成就史，把老区人民的伟大贡献、伟大创造、伟大成就、伟大精神充分展示出来，形成一部具有厚重历史特征和鲜明时代特色的精品力作。这是一部培根铸魂、守正创新，既为历史立言，又为时代服务，字里行间流淌着红色血脉、催生着革命激情的传世之作。丛书的编纂出版将成为讴歌党讴歌人民讴歌时代、传播红色文化、为革命老区和老区人民树碑立传的重要载体。

丛书按照编年体与纪事本末体相结合、以编年体为主的编写体例确定框架结构；运用时经事纬、点面结合的方式记述史实；坚持人事结合、以事带人的原则处理人与事的关系；采取夹叙夹议、叙论结合以叙为主的方法展开内容。做到了史料与史论、历史与现实、政治与学术统一，文献性、学术性、知识性相兼容。

为编纂好《全国革命老区县发展史》丛书，打造红色文化品牌，中国老区建设促进会认真组织积极协调，提出政治立场鲜明、史料真实准确、思想论述深刻、历史维度厚重、时代特色突出、编写体例规范、篇目布局合理、审读把关严格、出版制作精良的编纂出版总要求，力求达到革命史籍精品的精神高度、思想深度、知识广度、语言力度，增强丛书的权威性和社会影响力。各省（区、市）、市（州、盟）、县（市、区、旗）老促会的同志，以强烈的使命感、责任感和紧迫感，勇于担当，积极作为，认真实施，组织由老促会成员、专家学者等参加的十余万人编纂队伍。编纂工作主体责任在县，省、市组织协调、有力指导、审读把关。各方面人员以高度负责的精神和科学严谨的态度，满腔热情地投入工作，为丛书编纂出版作出了重要贡献。丛书编纂工作还得到了党和国家有关部委、地方各级党委政府及有关部门的大力支持和积极参与，社会各界也给予了热情帮助。中共中央政治局原委员、中央军委原副主席、原国务委员兼国防部长迟浩田上将，对老区人民怀有深厚感情，对革命老区建设发展十分关注，欣然为《全国革命老区县发展史》丛书作总序。

丛书由总册和1599部分册（每个革命老区县编纂1部分册）组成，共1600册。鉴于丛书所记述的史实内容多、时间跨度长和编纂时间紧，不妥之处，敬请批评指正。

中国老区建设促进会

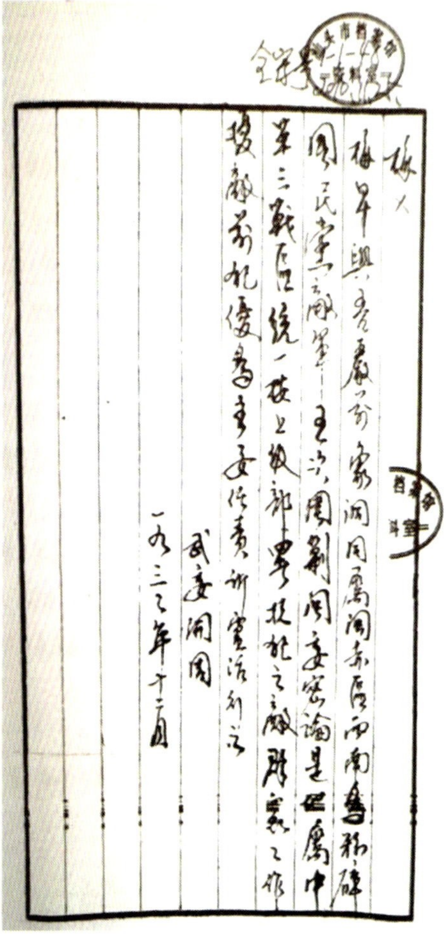

中共武平县委开周给梅 × 函 （1933 年 12 月）

梅 ×：

梅早与吾岩前、象洞同属闽赤区西南，为粉碎国民党敌军五次“围剿”，闽委密谕是地属中革三战区。统一按上级部署，抗犯之敌，群众工作，扰敌前犯，优为主要任责，祈灵活行之。

武委　开周

1933 年 12 月

注：1933 年 12 月时，梅县、丰顺两苏区县委已合并为中共梅丰县委。梅含今梅江区的梅县，× 是丰顺，梅 × 即“中共梅丰县委”的代号。经查核福建、闽西、武平等地有关史书，武委即中共武平县委，于 1932 年春，闽西红十二军攻克武平县城后新成立。开周即吴开周，时任中共武平县委副书记，1934 年春夏间牺牲。时中共武平县委，属方方代书记的中共福建省委领导下的县级党委。“围剿”一词的引号为本书编者所加。

（资料来源：汕头档案馆革命历史文献卷 1-1-48，图为原件复印件）

梅江区长沙革命烈士纪念碑。1951 年 8 月 20 日中央人民政府南方老根据地访问团粤东分团第二分队立碑纪念。

梅江区委、区政府原
办公大楼

梅江区委、区政府新办公大楼

中华人民共和国成立前的梅州

如今的梅州城区

1938 年江北老码头及梅江桥

重修后的梅江桥

改造前的油罗街

改造后的油罗街

改造后的凌风东路

东较场新貌

世界客家博物馆

客都汇——梅州首家单体综合购物中心

东升工业园区全貌

梅江区规模以上企业国威电子股份有限公司生产车间

剑英纪念大桥

广州市对口帮扶援建的广州大桥

梅江两岸

世界客都大道

广梅汕铁路和国道 206 线

西环高速公路城北段

广东省一级学校——梅州中学

国家级重点职业中学——城西职业中学

梅江区风眠小学

梅州市第二中医医院——三级甲等中医医院

客家博物馆十里梅花长廊

客天下旅游度假景区

八角亭内广东汉乐汉曲表演

泮坑旅游风景区

西阳镇北联村党群服务中心

治理后的西阳镇白宫河水清河畅

金山街道黄坑村田园综合体

西阳镇双黄村发展葡萄种植促进群众增收致富

精致高效农业——西阳清凉山原生态茶场

绿色农业——城北兰花基地

梅州市江南新城一角

西阳镇太平村田园综合体

目录

contents

前言

梅江区辖区所在地原系梅县县城，向称梅城。1988 年，广东实行市管县体制，梅县地区改为梅州市，梅县市建置撤销，原梅县市分设为梅县和梅江区。自 1925 年建立中共梅县地方组织以来，梅县（含梅江区）人民在中国共产党直接领导下，进行英勇无畏、艰苦卓绝的斗争，为中国革命事业作出不可磨灭的贡献，1994 年梅江区被确认为革命老区，2013 年被确认为原中央苏区县。

编纂《梅州市梅江区革命老区发展史》，旨在记录梅江人民在革命战争年代和社会主义建设时期的革命发展史实和重大事件，缅怀革命前辈为了民族独立、人民解放、国家富强，抛头颅、洒热血，为夺取革命胜利而进行的顽强斗争和丰功伟绩。

大革命时期，梅城工人、学生首先掀起了反帝、反军阀统治的斗争浪潮。1927 年四一二反革命政变后，苏区的工人、农民、学生举行了万人集会的讨蒋示威活动，随后，参与了震撼粤东的梅县“五一二”工人武装暴动，夺取了政权，取得了暴动胜利。

土地革命战争时期，粤东北九龙嶂革命根据地是中央苏区核心区域，苏区党组织充分发动群众，组织工农武装队伍开展武装斗争，开辟了西阳白宫的明山红色根据地，与闽粤赣根据地连成一片，成为中央苏区的红色土地。同时成立各区乡苏维埃政权，打土豪分田地，开展土地革命，为革命根据地的建立打下良好基础。

抗日战争时期，在“国家兴亡，匹夫有责”的危亡时刻，苏区党组织积极发动城乡广大群众、学校，成立各种抗日救亡团体，以演戏、办夜校等多种形式开展抗日救亡宣传，动员城乡各阶层民众，投入抗日救亡运动，筹款捐物，参军参战，支援抗日前线，为抗日战争的胜利作出积极贡献。

解放战争时期，为戳穿国民党蒋介石发动内战阴谋，苏区党组织积极发动群众，开辟革命据点，建立游击根据地，组建武装队伍，开展反对内战、反“围剿”斗争。各乡村建立农会和民兵组织，配合粤东支队主动出击，开展反“围剿”、反“十字扫荡”的斗争，粉碎了国民党的“清剿”计划，推翻了国民党区、乡政权。同时，着力做好统一战线工作，策动国民党军队起义投诚。1949 年 5 月 14 日，今梅江区实现和平解放，取得新民主主义革命伟大胜利。

忆峥嵘岁月，为实现民族独立和人民解放，周恩来、朱德、陈毅、罗荣桓、叶剑英等老一辈无产阶级革命家曾在梅江这片红色土地开展革命活动，梅江儿女在革命精神的感召下，浴血奋战、前仆后继，献出了宝贵生命，第一、第二次国内革命战争时期牺牲烈士 90 人，抗日战争时期牺牲烈士 7 人，解放战争时期牺牲烈士 38 人。

中华人民共和国成立后，特别是改革开放后的 40 年，梅江人民积极投身于以经济建设为中心的中国特色社会主义建设，同心合力，开拓进取，艰苦创业，用辛勤的汗水改变了革命老区面貌，经济快速发展，城市日新月异，社会和谐稳定，人民安居乐业，到处呈现一片欣欣向荣的景象。

不忘初心，牢记使命。《梅州市梅江区革命老区发展史》力图通过讲好红色故事，传承红色基因，弘扬红色精神，对广大党员、干部、群众和青少年进行党性教育、革命传统教育、爱党爱国教育，激励广大人民高举习近平新时代中国特色社会主义思想伟大旗帜，发扬革命传统，沿着改革开放的康庄大道，为实现全面建成中国特色社会主义的现代化强国，实现“诗画梅江、文明客都”的宏伟目标而不懈奋斗！

《梅州市梅江区革命老区发展史》编委会

2019 年 3 月

1

第一章

区域和革命老区概况

第一节 基本概况

梅州市梅江区地处广东省东北部，梅州市中部，地理位置介于北纬23°77′～24°10′、东经115°71′～115°92′之间。南北长37.5千米，东西最宽处11.2千米，最狭处4.5千米。东临梅县区丙村镇、大埔县银江镇，南与梅县区梅南镇、丰顺县马图村、大龙华镇交界，西连梅县区程江镇、扶大镇和大坪镇，北接梅县区城东镇、石扇镇，梅江区是中共梅州市委员会（市委员会简称“市委”）、梅州市人民政府（市人民政府简称“市政府”）所在地，是梅州市政治、经济、文化、交通中心。全区总面积570.89平方千米，其中山地面积530.2平方千米，耕地面积40.69平方千米。

梅江区三面环山，一面临水。地势东南高，逐渐向东北、西北倾斜。区境为梅江河流经梅花山中部山谷而形成的河谷盆地。全区以低山、丘陵为主，向有“八山一水一分田”之说。境内较高的山峰有明山嶂银隆顶（海拔1355米）和鬼忽岩顶（海拔1021米）。境内主要河流有8条，干流梅江，流经市区中心。

梅江区地理位置靠近北回归线，东近太平洋，属亚热带季风气候。夏季日照长，冬季日照短，气候温和，阳光充足，雨量充沛。但易旱易涝，偶有奇热和严寒，四季宜耕宜牧。年平均气温21.5℃，年平均日照时数1824小时，年平均降雨量1525.6毫米，年平均无霜期304天。主要灾害天气有：春季低温阴雨、倒春寒，5—6月间的龙舟水和春秋季的台风，秋季寒露风和冬季霜冻等。

梅江区是国家历史文化名城，有众多名胜古迹和丰富的文化遗产。境内有人境庐、千佛塔、东山书院、梅江桥、梅州学宫、八角亭等各级文物保护单位和泮坑公王庙、义孚堂等众多未定级文物，嘉应学院、东山中学、梅州中学等名校，中山路、凌风路、仲元路等名街，席狮舞（为国家级非物质文化遗产保护项目）、五句板、梅城山歌、舞龙、舞金狮、闹八音等 30 多项区级非物质文化遗产保护项目。

梅江区人杰地灵，英才辈出。清代嘉应州人有翰林院之第一人李象元，进士李黼平，外交家、教育家、杰出爱国诗人黄遵宪；20 世纪中国美术界的一代宗师林风眠，岭东著名女诗人叶碧华；近代有中华苏维埃中央革命军事委员会参谋部代部长朱云卿；祖籍梅江区的 24 位将军有黄百韬、李安生、余志辉、张建、张天野、张简荪、侯志明、黄思基、曾举直、熊志一、梁纯铮、叶松盛、刘伯南、李秉衡、李树棠、张榛盛、杨幼敏、钟鸣辉、侯声、侯志磬、黄开华、黄惠荪、黄元昌、侯又生；祖籍梅江区的 11 位大学校长（书记）有刘复之、孙亢曾、李雾仙（女）、钟皎光、黄友谋、秦元邦、梁伯强、谢健弘、蔡亚萍、薛尚实、李国豪；祖籍梅江区的 4 位院士有“双料院士”（指先后当选为中国科学院院士和中国工程院院士）李国豪，中国科学院院士梁伯强、黎尚豪，中国工程院院士江欢成。

第二节 历史沿革及行政区划

一、历史沿革

梅县从南齐建县以来，先后有过程乡县、敬州、梅州、嘉应州、嘉应府、梅县、梅县市等县、州、府、市名称。其来历考释如下：

1. 程乡县。南齐置县时，名程乡。据《光绪嘉应州志·沿革》引《方舆纪要》云："南齐置程乡县，时有程曼者，以信义行于乡，因名，属义安郡。"

2. 敬州。南汉刘晟乾和三年，即后晋开运二年（945 年），程乡县境设敬州。据北宋乐史《太平寰宇记》注："敬州或作恭州，非恭州，乃宋避庙讳而称"（见《光绪嘉应州志》，但因何取名敬州，尚无史料可考）。

3. 梅州。北宋开宝四年（971 年），平广南，灭南汉，因敬州的"敬"犯宋太祖赵匡胤的祖父赵敬之讳，改敬州为梅州（见乐史《太平寰宇记》，王象之《舆地纪胜》），这是梅州一名使用之始。何以称"梅州"？据《光绪嘉应州志·山川》载："梅峰在城西门外（今西郊），五峰错落，似梅花五片，故名，……梅峰，梅溪。此地山水，宋改敬州为梅州，本以山水得名。"

4. 嘉应州。清雍正十一年（1733 年 ）三月，程乡县升为直隶嘉应州，钦定州名为嘉应。嘉庆十二年（1807 年）称嘉应府。

嘉庆十七年（1812 年）称为嘉应州。嘉应州之得名是因在梅城东门外（今梅州文化公园左侧），于南宋淳熙年间（1174—1189 年）建有嘉应桥。清《乾隆嘉应州志·桥渡》载：“雍正十一年升程乡为直隶州，钦定州名嘉应，此桥（指嘉应桥）若先兆焉。”《光绪嘉应州志·序》：“秦开五岭，东为揭阳，讫于南齐，肇有程乡，曰敬曰梅，雄镇一方，赐名嘉应，桥兆其祥。”

5. 梅县。民国元年（1912 年），废除州府制，改称梅县。因北宋、南宋、元朝沿用过梅州之名，1911 年 11 月，嘉应州复名梅州，故废州改县时称为梅县。

梅州城区原是程乡县（今梅江区）县治所在地，向称梅城。南齐置程乡县至宋初设梅州 500 多年间，州、县皆无城。北宋皇祐四年（1052 年）始在今梅城江北筑土城，周围长 450. 3 丈（1 丈≈3. 33 米，下同）。明洪武十八年（1385 年）拆西城垣，扩辟县城，周围长 985 丈。

清末，嘉应州城区扩大。辖东街、西街 2 堡。东街辖一甲至十甲及金山甲、攀桂坊，西街辖一甲至十甲及曾井甲、红杏坊、社甸甲、百果围和乌廖沙。

梅县城仍辖东街、西街 2 堡。民国 20 年（1931 年），由堡改为区乡，县城辖地有附城镇、城内、忠孝里、百果围、黄坭墩、红杏坊、下圣母、乌廖沙乡。民国 26 年（1937 年），梅县整编区乡，县城称为梅城镇（今梅江区所在地）。

1949 年 5 月梅县解放，在设置新政区时，县城仍称梅城，政区则称城内区。1950 年 3 月，复改称梅城镇。

1958 年 9—11 月，实行公社化，梅城镇改称梅城卫星人民公社。1959 年 1 月改名梅城人民公社。

1975 年 8 月，梅城镇改为梅州镇（仍隶属梅县）。1978 年 12 月，梅州镇从梅县分出，由区级升格为县级，改称梅州市，隶属梅县地区管辖。1982 年，梅州市基层政区设东区、中区、西区、南区 4 个办事处和东郊、西郊、江南、梅江 4 个公社，下辖 32 个居民委员会、29 个生产大队、395 个生产队。

1983 年 6 月，梅县和梅州市合并，称梅州市，同年 9 月改称梅县市。县市合并后，江南公社撤销，并入南区，在城区设南区、东区、中区、西区。

1983 年 11 月，基层政权撤销人民公社建制，恢复区乡村建制，取消人民公社名称，以原有公社改为区，设区公所。生产大队或联队改为乡，设乡人民政府；按农民居住聚落点和自然村建立村民委员会，作为基层群众性自治组织。梅县市共设 31 个农村区、4 个市区街道办事处、1 个直辖区级镇；区以下设 271 个乡、10 个乡级镇、34 个居委会；乡以下设 849 个村。

1987 年 4 月，区、小乡建制撤销，改设乡（镇）制。全县共设 10 个乡、22 个镇、4 个市区街道办事处（8 月增设北区，共 5 个市区）。下辖 451 个村、61 个居民委员会、5395 个村民小组。

1988 年 1 月，广东实行市管县体制，梅县市改为梅州市；3 月，梅县市建制撤销，原梅县市的行政区分设梅县和县级梅江区，梅江区由原梅县市城区 5 个办事处和城郊 5 个乡镇组建而成，为梅州市直辖县级区。

二、行政区划

1988 年 3 月，梅县市建制撤销，原梅县市的行政区分设为梅县和县级梅江区。梅江区由原梅县市城区 5 个办事处（金山、东山、黄塘、五洲、江南）和城郊 5 个乡镇（城北、东郊、西郊乡和长沙、三角镇）组建而成，为梅州市直辖县级区，政府所在地在梅城江北仲元东路 51 号。

1989 年 4 月，黄塘办事处因城区有上黄塘、下黄塘、黄塘居委等名称，容易混淆，经广东省人民政府（简称省政府）批准，将黄塘办事处改名城西办事处。

1992 年 12 月，经省政府批准，梅江区有 8 个行政村和 2 个自然村为解放战争游击根据地，8 个行政村是长沙镇小密村，东郊乡龙丰、金丰村，三角镇泮坑、塝明、东升、龙上村，城北镇银营村，2 个自然村为城北镇群益村的黄坑自然村、桃畲自然村。

1994 年 6 月，市政府办公室文件《关于梅南镇等 97 个镇（场）确认为老区乡镇（场）的通知》中，梅江区长沙、三角、城北镇经省审查，批准为老区乡镇。

1998 年 12 月，按省政府规定，理顺农村基层管理体制，撤销管理区办事处，设立村民委员会。全区 5 个农村乡镇 60 个管理区办事处改设 60 个村民委员会。

1999 年 12 月，经省政府批准，撤销城北乡、东郊乡、西郊乡建制，设立城北镇、东郊镇、西郊镇。

2002 年 7 月，经省政府批准，梅江区部分镇、办行政区划进行调整。撤销东山街道办事处、东郊镇将其行政区域并入金山街道办事处，撤销西郊镇、城西街道办事处，设立西郊街道办事处，撤销五洲街道办事处，将其行政区域并入城北镇。调整后，梅江区辖长沙、三角和城北 3 个镇和金山、西郊、江南 3 个街道，下辖 54 个村民委员会、38 个社区居民委员会。

2012 年 6 月，在市委、市政府重视下，在省、市老区建设促进会（简称“老促会”）的关心下，梅江区申报原中央苏区。

2012 年 9 月 23 日，经省政府同意，梅县西阳镇划归梅州市梅江区管辖。调整后，梅州市梅江区辖长沙、三角、城北、西阳 4 个镇和西郊、金山、江南 3 个街道办事处。

2013 年 7 月，中共中央党史研究室正式确认梅江区在土地革命战争时期属于中央苏区范围。

2017年，梅江区辖长沙、三角、城北、西阳4个镇和西郊、金山、江南3个街道办事处，下辖81个村民委员会、45个社区居民委员会。年末，全区总户数116660户、总人口356591人，其中，男性178282人、女性178309人。

第三节 地质资源优势

一、地质

梅州市梅江区属中国东南部华夏古陆的一部分，构成古陆的基底，为前泥盆系变质岩。从晚古生代几经海陆变迁，出现一系列沉积构造。

前泥盆系为一套地槽型的类复理式建造，主要为浅变质的砂、泥质构造，加里东运动使其上升成陆地，构成区境古陆的基底。

晚泥盆世至早二叠世，由于海西运动，沉积了一套韵律性较明显的碎屑岩、碳酸盐及含煤碎屑岩构造。

早三叠世开始的印支运动，带来一次小海浸，沉积了含泥炭的碳酸盐构造。

始于晚三叠世的燕山运动，沉积了一套海陆交相的碎屑岩、中酸性火山岩、山间盆地碎屑岩。

自第三纪至今的喜马拉雅运动，沉积了红色碎屑岩、砾石、砂、黏土构造。

区境泥盆至第四纪地层均有出露。

二、矿藏资源

梅江区矿藏资源种类主要有煤、石灰石、花岗岩、稀土、黏土、矿泉水等。矿区主要分布在城北镇和长沙镇。花岗岩主要分布在长沙镇大密村、上罗村；矿泉水主要分布在金山办事处月梅村和三角镇泮坑村；黏土各镇均有分布。城北镇银营村、干才村发现有铅锌矿、铜矿矿化点。

（一）煤炭

区境内煤炭绝大多数属高度变质无烟煤，以粉煤为多，块煤较少。含灰分 5.6% ~41.7%，一般为 23.5%，平均发热量 500 千卡/千克。

煤炭资源主要分布于西阳镇的明山村，城北镇的玉西村和洋文村。长沙镇有少量煤分布，发热量低。

（二）石灰石

区境内的石灰石主要分布于长沙镇小密村、长沙村和城北镇洋文村。长沙镇的石灰石矿床，经 300 多年开采，仍有丰富的储量。由于未做过地质勘探，具体储量不详。

2

第二章

土地革命战争时期

第一节 中共地方党组织建立与发展

梅县（含梅江区）是广东较早建立中共地方党组织的地区之一。1925 年东征军到达梅县后，在周恩来的领导下，梅州各县共产党和共青团组织迅速建立和发展。3 月，国民革命军首次东征，国民党中央执行委员会（又称中央党部）委任周恩来为东江各属党务组织主任。周恩来利用这一有利时机，一方面指挥党部工作人员负责各县改组或组建国民党地方党部，同时指派国民党左派人士担任各县县长，使国民党（左派）地方党务工作得到发展。另一方面先后委派政治部工作人员洪剑雄（中共党员）等为梅县特派员，组织开展政治宣传，做好调查地方党务情况，从中选择培养对象，发展党团员，建立中共党团组织。国民党广东省党部特派员詹展育在洪剑雄的协助下，在梅城（今梅江区）成立国民党县党部，罗四维为常务执委，李世安为组织部部长，温卓峰为宣传部部长，侯昌龄为妇女部部长，肖人凤为工商部部长，王之伦为监委常委。县党部实际上是以共产党员、共青团员和国民党左派为基本成分的国共联合机构（李世安、罗四维、温卓峰均为共产党员，侯昌龄为共青团员）。4 月，国民革命军第一次东征抵梅时，中共广东区委委派广东大学学生共产党员张维，以新学生社特派员的公开身份，到梅县开展建立梅县新学生社和地方中共党团组织工作。张维被聘任为东山中学英语教师，同时兼学艺中学数学教师。第二次东征队伍抵驻梅州后，驻梅的国民革命军第十四师政治部主任洪剑雄，被组织指定负责以梅县为中心的东江、兴梅一带民众运动，抓紧培养对象，发展党团组织。在洪剑雄所率政工人员的宣传下，张维在梅城南门八角亭成立了以东山中学学生陈劲军、学艺中学学生李仁华、省立五中学校（梅州中学）学生凌少忠、女师学生蓝柏章，以及乐育、广益、县师等校代表为委员的新学生社梅县分社。12 月，第二次东征军抵梅县后，张维与国民革命军第十四师政治部主任、共产党员洪剑雄在八角亭建立了梅县第一个党支部，梅县成为粤东北地区建党较早的区域之一。中共梅县支部隶属中共汕头党组织，张维任书记，陈启昌为组织干事，李仁华为宣传干事，党团机关多在八角亭活动，时为革命活动中心之一。

1926 年 4 月，经中共广东区委员会（区委员会简称“中共广东区委”）批准，中共梅县支部升格为中共梅县特别支部（“特别支部”简称“特支”），由中共广东区委直接领导。梅县西阳白宫、梅南等地党团组织先后成立了以林一青（原名林萌安）为支部书记，李喜渊为组织委员，丘亮华为宣传委员，赵松信、吴耀桂、吴天民、李安发、张平、蔡婉珍等为成员的西阳白宫党支部。梅南成立了以廖祝华为支部书记的中共梅南支部。据梅州市档案馆资料显示，至 1926 年夏，中共党员在梅县已发展至 80 多人，特支书记张维，组织委员陈劲军（后吴健民），宣传委员贺遵道（后杨广存）；团特支书记陈劲军，组织委员杨燊元，宣传委员李仁华，党、团特支隶属广东党、团区委领导，下辖梅县、兴宁、平远、蕉岭、寻乌（赣南）、武平（闽西）等县党、团组织。

1927 年 1 月，中共梅县特支撤销，成立中共梅县部委，中共广东区委派刘标犇任书记，组织部部长张维，宣传部部长吴健民（后杨广存），部委仍辖梅县、兴宁、平远、蕉岭、寻乌、武平等县党组织。7 月，中共广东省委派李桃犇、曾品清（又名曾衡、化名曾华）回梅整理恢复党团组织，因四一二反革命政变和“五一二”武装暴动后，梅县党团组织及其武装力量在反动武装进攻下，主动撤到山里，与省委的联系一度中断。时被任命为共青团梅县县委书记的曾品清，由在中山大学的同学胡一声介绍，住进了安定书室。以教书为幌子隐蔽在梅南中学活动。为了更好地开展团委工作，曾品清在安定书室设立恢复团县委的秘密筹备机关。

1927 年 4 月，蒋介石发动政变，公开背叛革命，大肆屠杀共产党人，梅城的国民党反动派也举起了屠刀，到处捕杀共产党人和革命群众。在此形势下，1928 年 2 月，中共广东省委派杨广存回中共梅县县委主持党务工作，4 月 28 日晚中共梅县县委员会（县委员会简称“县委”）在城北扎田唐氏祖祠主持召开县委扩大会议，这次梅县党代表会议，第十团由郑天保代表参加。县委扩大会议结束后，选出新的县委领导，杨广存为书记，林森端、唐润元等为委员。

1929 年春，中共东江特别委员会（特别委员会简称“特委”）派黄炎来梅县任县委书记，委员李思绮、熊光、叶明章、谢持等人，并在梅县成立了县农会，由县委书记黄炎兼任农会主席，此期间由于农会组织和农民武装不断壮大，梅南成立了区革命委员会。1929 年夏季，梅县成立了县革命委员会，主席是熊光。这一时期梅县地方党组织力量有了很大的发展，全县有西阳等 6 个区委，有南口等 8 个独立支部，全县党团员共有 1200 余人。

1930 年春，中共梅县县委在梅南区顺里尾召开了梅县第一次工农兵代表大会，梅南、梅北、西阳、丙村尧松、畲坑、附城等区均有代表参加，共二三百人，大会成立了梅县苏维埃政府，熊光当选主席。7 月，中共东江特委派叶家骥来梅县改选县委，改选后叶明章为书记；常委有李思济、古远、丘林、黄日彬、李思绮、胡运香（女）、叶诗光（兼县委秘书长）、熊光等。同年冬，梅县与丰顺合并为中共梅丰县委，黎果为书记，常委有叶明章、周翠英、黄日彬、饶集庭、陈耀等人，梅丰合并前，熊光任中共丰顺县委书记，古远任梅县苏维埃主席，古远任职不久后，改由叶明章兼任县苏维埃主席，合并后不久，黄炎由西北分委回来梅县任县委书记，黄炎一任职就说有“AB”团，好些同志被杀去了。幸而，中共东江特委派杨雪如来梅县，立即召开会议检查，并改选县委，改选后黎果为书记，常委有陈耀、叶明章、饶集庭等。1932 年春，敌人不断“围剿”，形势日益严峻，县委当时决定把现有武装队伍分散活动，那时的分工是，梅丰边由黎果带领一部分武装队伍，梅埔由叶明章带一部分武装，杨雪如到梅城建立据点，从而使县委领导下党组织、武装队伍得到巩固和发展。

第二节 农民运动与工人武装暴动

一、农民运动

1923 年 8 月，农民运动先驱彭湃带领农民骨干到五华、梅县、丰顺等地宣传开展农民运动活动，途经三突村（今梅江区西阳镇溪田村），停留了数天，积极宣传组织农民运动和妇女解放协会的重要意义。经过宣传发动，三突村仅有的 17 户贫苦农民全部报名加入农民协会，并发展至三突村周边的泥溪、杞树坪、上下中坑、银窟村等地。1924 年冬，今梅江区的西阳镇成立了梅州地区最早的农民协会——三溪农民协会，会长黄惠云（女），会员有 100 多人。随着农民运动的发展，梅县反恶霸地主运动不断掀起。1927 年春，为震慑梅县各地恶霸地主下乡放高利贷收取利息，长沙正本小学党组织了解到大地主侯六世（今梅江区湾下侯屋人）、钟八爷（梅城城南钟屋人）的收租船停在下罗衣乡的梅江江心，中共梅县县委委员李思绮决定率领叶明章、叶诗光、叶天予、苏树源、余近仁、苏荣生、苏亚火、郭吉犇、叶绿元等会同九龙嶂工农革命军东路第十团熊光等人，在梅江河岸边的塔子角组织袭击捕杀地主行动，党组织和武装队员仅有熊光等 2 人的 2 支驳壳枪和李思绮一支二曲枪，叶明章一支左轮枪。行动那天，李思绮从轩坑放下一条渡船，叶诗光从石谷大王郑屋弄来一条渡船，黄昏时到了塔子角岸边，武装队员分别上船后，慢慢向地主的收租船靠拢。叶明章第一个跳上地主的船，竟没发现地主，然后翻开船板从船舱底部找到。叶明章一把抓住侯六世推到船头，打了两枪，并将大地主推入江里；另一条船上的枪声也响了，大地主钟八爷被十团的队员一枪打死推入江中。

正本小学党组织与十团武装队员这次袭击，镇压了 2 个收租的地主，大大地鼓舞了梅南片区的广大农民，长了农民反恶霸斗志，震慑了地主下乡收租的嚣张气焰，这是梅县范围内，农村第一次农民革命运动。

二、“五一二”工人武装暴动

1927 年 4 月，蒋介石发动四一二反革命政变，以“清党”为名，到处屠杀共产党人，梅县的反革命分子也随之猖狂起来，日益紧张的形势下，梅县党组织与上级党组织失去联系。紧急关头，中共梅县部委和共青团梅县地方委员会（地方委员会简称“地委”）召开联席会议，决定开展武装斗争，成立武装斗争委员会（简称“斗委”），书记刘标犇，武装组织部部长陈劲军，政治宣传部部长张维，委员古柏、杨雪如、卢其新、李仁华、蓝柏章、胡明轩、李维玉等，领导全县暴动。

5 月 1 日，在“斗委”领导下，今梅江区的梅城及西阳等地工人、农民、学生逾万人在梅城集会示威。5 月 12 日下午 5 时，“斗委”在梅城组织 130 多名武装人员举行武装暴动，乘梅县保安警察大队、县警队、县政府人员吃晚饭时间同时突袭，解除了 3 处国民党地方武装，缴获 200 多支枪，国民党县长温明卿出逃。与此同时，今梅江区的西阳白宫等地的工农武装也同时起义，西阳白宫的民众在李碧、李安发率领下，举行武装暴动，一举占领了西阳白宫区署和警察所，共缴获长枪 10 余支。“五一二”暴动第 2 天，在梅县东较场召开庆祝大会，宣布梅县历史上第一个人民政府诞生，周静渊任主席，林一青、钟贯鲁、李铁明、朱仰能等为委员，并颁布政纲，工人实行8小时工作制，男女平等，废除苛捐杂税等。全县各地成立治安维护委员会，西阳白宫由李碧、李安发担任正副主任。

梅城工人武装暴动，震惊了国民党反动派。5月17日，“斗委”得悉国民党政府军队宋世科团已从五华岐岭启程来梅县镇压，为保存革命力量，县人民政府委员会各机关及在城的群众团体疏散至梅北隐蔽，武装队伍撤离到今梅江区的城北杨文村。国民党政府四处抓人，“斗委”立即采取对策，次日下午武装队伍袭击梅城，破监救出被囚禁的400多人，然后撤往梅北的山里，转入隐蔽的地下斗争。

“五一二”工人武装暴动，打响了本区地方武装反抗国民党的第一枪，夺取了政权，建立了梅县人民政府，人民政权虽仅存7天，却具有重大的历史意义，推动各区、乡建立了农民赤卫队，促进广东工农革命军东路第十团的组建，震慑了敌人，打击了地主豪绅势力，为开创红色苏区革命根据地奠定了政治、军事和广泛的群众基础。

第三节 安定书室事件与扎田事件

一、安定书室事件

安定书室位于梅城道前街凤尾阁巷内。1925 年春，国民革命军第一次东征到达梅县后，安定书室被建国粤军二师师长张民达作为梅城联络点，从此安定书室就一直作为土地革命时期红色联络点。“四一二”反革命政变和“五·一二”武装暴动后，由于梅县（含梅江区）党团组织及其武装力量被国民党反动派破坏，党团组织和革命武装遭到严重损失，为了保存党团组织骨干和革命武装，主动撤到山里，与省委的联系曾一度中断。1927 年 7 月，中共广东省委派李桃猋、曾品清回梅恢复党团组织，曾品清被任命为共青团梅县县委书记，在中山大学的同学胡一声介绍下，住进了安定书室，以教书为掩护隐蔽在梅南中学活动。为了更好地开展团委工作，曾品清在安定书室设立恢复团县委的秘密筹备机关，并经常与几个秘密筹备团县委的工作人员在这里接头，安排团组织发展与活动事项，由于来往安定书室的青年人较多，曾品清在安定书室设立团县委筹备机关遭到国民党反动派破坏，曾品清及其工作人员温士奇、陈循昌等被捕，史称“安定书室事件”。“安定书室事件”发生后，团县委组建工作严重受挫，但国民党反动派并未停止对梅县党团组织破坏，派便衣队前往梅南等地，扬言要抓曾品清介绍人胡一声及其团机关工作人员郑天保、熊光、朱公伟等革命同志，为了保存革命有生力量，胡一声、郑天保等及已暴露和即将暴露的同志提前与丰顺县委领导人黎凤翔、张春元等人在九岩岃会合，成立了广东工农红军东路第十团。安定书室依然作为中共广东工农革命军路第十团对外联络点。

二、扎田事件

“四一二”反革命政变之后，国民党反动派到处捕杀共产党人和革命群众。在此形势下，1928 年 2 月，中共广东省委派杨广存回中共梅县县委主持党务工作。1928 年 4 月，杨广存等人在城北扎田唐润元家中（县委临时办事处）处理县委的秘密文件。由于叛徒告密，国民党军警麦仲南带一个中队包围了扎田唐氏祖祠。1928 年 4 月 29 日凌晨 4 时，临时办事处被国民党梅县警局便衣队包围，杨广存、林森端、唐润元等人被捕。在审讯过程中，作为早期的中国共产党党员，杨广存早就做好了随时为革命捐躯的思想准备，因而他始终泰然自若。敌人妄图从他的嘴里获取党的秘密，对他进行多次拷打。其中“踩竹杠”酷刑导致杨广存两膝两手均被踩折。但是他顽强地经受住了敌人的严刑拷打和威胁利诱，他大义凛然地说：“我是共产党员，决不投降，共产主义必然胜利。”面对国民党当局的各种欺骗利诱，严刑拷打，杨广存等宁死不屈。5 月 5 日，遍体鳞伤的杨广存被国民党当局用箩筐扛到东较场。面对敌人的屠刀，他面不改色，不断高呼“中国共产党万岁”，就这样，杨广存与林森端、唐润元一起被杀害。“扎田事件”是梅县党史上的沉痛教训。中华人民共和国成立后，梅县人民政府为纪念在“扎田事件”中壮烈牺牲的杨广存，将杨广存就读的小学改名为广存小学，1976 年清明节将其遗骸迁葬在南口革命烈士公墓。

第四节 工农武装斗争

一、红色根据地的建立

蒋介石发动“四一二”反革命政变，导致地方和省委的联系中断，得不到上级的指示，形势极其严峻。为了尽快恢复梅县党组织，梅县斗委决定由陈劲军、李仁华、古柏、杨雪如等 4 人代表组织到武汉找党中央（当时党中央驻武汉），梅县党团工作由李玉标（又名奈西）、杨维玉等人负责，设法和分散到农村的党员取得联系，把组织恢复起来。武装暂时解散，枪支由个人负责收藏。部分党团员转入农村，有的往外省或南洋，刘标犇到西阳中学任校长，林一青回白宫，胡一声和郑天保回梅南，转入隐蔽的地下斗争。

1927 年 9 月，中共广东省委为了恢复梅县周边党团组织，派李桃犇、曾衡（即曾品清）回梅县恢复党团组织。胡一声、郑天保回到梅南中学，把广州党训班的教材印发给学生。梅南中学实质上成为革命干部训练的学校。党支部还摸索出一套理论联系实际的教学方法，白天上课，晚上由教师带着学生到学校附近的农村活动，把农民组织到农会中，梅县梅南（包括今梅江区长沙镇的上下罗衣村）成了比较安全的地区，梅南中学成了梅县党的联络地点。是年秋，中共东江特委派杨雪如等到梅县传达八七会议精神，提出武装斗争的方针和秋收暴动的指示。李桃犇、曾衡坚决执行党的指示，立即组织力量收缴地主的枪支，筹款购买武器。12 月，成立中共梅县县委员会，隶属中共东江特委（后属潮梅特委）领导。书记李桃彝、组织部部长杨雪如、宣传部部长王之伦，职工部部长朱子干，军事部部长肖文岳，委员林一青、陈甦赤、黄国材等。同时成立共青团梅县县委员会，书记曾衡。后发生安定书室事件，团委机关被破坏，曾衡被捕。其后共青团东江特委任命陈劲军为团东江特委委员兼团梅县县委书记。因此，梅县党组织认识到要搞武装斗争，就要有根据地，并认为梅南和丰顺边境矗立着一座九龙嶂，为梅丰两县的分界，峰峦迭出，万山拱卫，自古有“九十九龙嶂”之称。九龙嶂的东北有梅县、大埔县、丰顺县三县边境的铜鼓嶂、明山嶂，西南有五华、丰顺边境的八乡山，互为犄角，北通闽、赣，是天然的武装斗争根据地。

1928 年，国民党反动军队对梅县周边工农武装进行多次疯狂“进剿”，革命力量受到极大摧残，革命组织遭到严重破坏，地方党组织一度与上级失去联系，形势极端严峻，白色恐怖笼罩全梅县。梅县党组织为了保存工农武装队伍，建立牢固的革命根据地，春夏间，组织革命武装先后突出重围，分别到九龙嶂、明山嶂、铜鼓嶂。明山嶂地理位置优越，其区域既与铜鼓嶂、九龙嶂互为犄角，又介于九龙嶂、铜鼓嶂之间，内外相连，故梅埔丰边县革命力量先后撤往大山嶂，铜鼓嶂、明山嶂成了三县革命力量集聚活动地带。包括今梅江区西阳镇的明山嶂板盖坑村等毗邻大山嶂的山村，全都成为工农革命军（后称红军）常驻的革命根据地。10 月，梅县、大埔、丰顺三县党的领导人和代表在今梅江区西阳白宫的明山嶂召开联席会议，协商成立铜山区革命委员会，主席叶雨金，副主席郑文才，委员蓝拱辰、廖学源、邓子龙、黄明生、何左成、李阿文、李奎、刘标、房运标、郭生娣，秘书黄拱宸，统一领导三县边界的明山、铜山、铜南、埔西、丰北等地区的革命斗争，并先后建立了乡村农民协会和乡村赤卫队。同时，中共梅县县委研究决定，将全县分成梅东、梅西、梅南、梅北4个片区，并派出负责人到各片区开展工作，加强对各区乡武装力量的领导，推动各区乡斗争规模的扩大和乡村革命政权的建立。中共西阳区委根据县委指示，将西阳白宫划为两个部分，嶂明、丹赤、三溪、双溪等乡以原有支部为基础，分别成立中共梅县第三区委和第三区革命委员会（革命委员会简称“革委会”）。第三区委和第三区革委会先后进驻明山嶂的船子坜、板盖坑和上下芦肚。至12月，原中共西阳区委与第三区重新合并成立新的中共西阳区委，区委和革委会两个招牌一套人马，成员扩大至11人，从此梅县红色根据地得到不断巩固扩展。

二、西阳区苏维埃政府、红四十六团、赤卫总队成立

1928年5月在九龙嶂由梅南和丰顺一带的群众200多人建立了广东工农革命军第十团，郑天保为团长兼军委主席。

1929年春，梅县农民代表大会在梅南顺里召开，成立了梅县农民协会，主席由中共梅南支部书记廖祝华兼任，并成立了梅县赤卫总队（又称梅县赤卫大队），总队长罗梓良。东江、韩江革委会进驻梅南，梅南成为东江、韩江革命斗争的中心，指挥梅埔丰华兴等县的革命斗争，其时梅县地方党组织得到迅速的发展，全县有西阳等6个区委，南口等8个独立支部，属于区委领导的有45个支部。全县党团员共有1200余人。

1929年4月，梅县中共西阳区委率先在驻地明山嶂板盖坑村李屋正式成立西阳区苏维埃政府。6月，东江革委会进驻梅南后，武装队伍以梅县、兴宁、五华、丰顺、大埔等五县原工农革命军第七团、第十团、第十二团和第十五团为主成立红四十六团，约

370 人，团长李明光、政委丘宗海。同时，成立红四十七团、红四十八团。10 月，正式成立了东江工农红军总指挥部，中共东江特委军委书记古大存为总指挥。

是年秋，梅县的梅南、梅西、梅北、西阳等区先后成立了区革命委员会（土地革命运动中过渡性的人民政权组织），同时区成立了联大队，县成立了赤卫总队，全县有赤卫队队员 1 万余名。各区苏维埃政府成立之后，领导各乡赤卫队掀起打击反动派和土豪劣绅的斗争，配合红军四十六团，有力地打击了敌人，推动周边乡村地方武装力量迅速扩大，同时扩大了赤色区域。各区工农武装前后击退敌人数次“进剿”，消灭了长沙圩等 10 多个区的反动民团武装，保卫了苏维埃政权，保障了苏区土地革命的顺利推进。

在东江工农红军总指挥部领导下，梅县周边的区革命委员会工农武装，通过明山嶂、铜鼓嶂到九龙嶂红色区域，把梅埔丰三县边区的所有区乡村武装连成一片，形成铜山苏区、九龙苏区，以及八乡山苏区，成为中国共产党领导下的东江苏区和闽粤赣中央苏区的重要组成部分。

三、女红军连

1929 年春，中共东江特委组建了一个女红军连，战士 120 多人，连长朱心（梅南罗田径人），指导员王涛（男，湖南江华县人），后并入红军四十六团。参加战斗的红军战士，多是梅南片区（含梅江区）年轻妇女乃至广大贫苦农民。女红军连直属中共东江特委领导，钱、粮、物资供给由中共梅南区委负责。女红军训练和男红军一样摸爬滚打，训练进攻、防御，毫不含糊，尽管满头汗水，一身尘泥，然而没有一个人叫苦，而且表现活跃，情绪稳定。虽然子弹少，实弹射击打得少，但经过一段时间训练后，女子红军连士气高涨，个个摩拳擦掌，想与敌人真刀真枪干一场。1929 年夏天的某日下午，国民党毛维寿旅的两个正规军连，依仗武器优势，沿公路由畲坑向梅南大摇大摆开来。敌军走到蓝田口的公路时，隐蔽在公路隔河北岸“务滋堂”大屋背山的女红军连，突然向敌人开火。遭到袭击的敌军慌乱了一阵，敌连长用望远镜看到对面山上全是女红军，火力又不猛烈，仗着几挺机枪的掩护，吆喝着 200 多名敌军一齐涉水渡河北犯。首次对敌战斗的女红军，虽然占据着有利的地形，但在敌军猛烈的火力压制下，显然构不成威胁，顽强地抗击了一个多小时后，为保存力量，边打边撤退，进入山区。在女红军连与毛维寿军交火之时，中共梅南区委书记叶明章正好在南岸的村子里办事，接到女红军连和毛维寿正规军开战的报告后，立即派通讯员火速赶往设在蓝田水尾的东江军事政治学校向校长王涛请援。同时，叶明章集中了 10 多个赤卫队队员，有七八支步枪、2 支台枪，登上南岸最高山顶接应。居高临下的赤卫队队员看到女红军连的战士由西北而南分散诱敌，便立即抢占最佳位置，集中台枪、步枪从敌人背后一齐开火，轰隆巨响，把追击的敌人吓呆了。军校的学员也赶了过来，从敌人正面接上火。枪声四起，敌军遭到数面夹攻，灰溜溜地逃跑了。

这一次女红军连的伏击战，打死打伤三四个敌人，表现了女红军的勇敢机智和战术的灵活性，经过了一场实战锻炼。战后，叶明章问朱心：“你们当时怎么就那么大胆！毛维寿旅可是国民党的正规军呀，单人家的武装就比你们的好上了不知多少倍，连红四十六团都不敢轻易打他们，而你们说干就干开了！”朱心红着脸说：“当时战士们手脚发痒，一看到敌人，就喊打他、打他，我看到地形也好，就同意开打了，好在你们及时赶来，才把敌人打退了。”

这支在中共东江特委领导下的女红军连，是广东最早建立的一支女红军连，女红军连在训练中获得经验，在实战中得到锻炼，在保卫红色革命根据地的游击战中不断成长，为苏区的巩固和发展作出卓越贡献。

第五节　红四军梅城战役

1929年，中共广东省委、东江特委和梅县县委相继发出指示，号召城乡被压迫贫苦民众联合起来，打倒国民党，抗债抗税抗粮，没收地主土地分给贫苦农民，建立苏维埃政府，开辟和巩固赤色区域。在革命形势推动和上级党的领导下，今梅江区的西阳、白宫等地区先后成立了区革命委员会和工农武装。6月上旬，红四军前敌委员会（前敌委员会简称“前委”）派政治部主任陈毅来梅县，商议红军进东江事宜。根据省委的指示，在梅南（包括今梅江区上下罗衣长沙等地）水美星拱楼成立了东江工农红军总指挥部，古大存任总指挥。在梅南水美星拱楼举办红军干部学校，顺里和陈公坪建立兵工厂、被服厂，九龙嶂下万和山和陈公坪建立后方医院，并在梅南建立了交通站，为红四军的到来做准备。9月28日，根据中共中央的指示，红四军出击粤东北。10月中旬，红四军3个纵队离开闽西苏区分三路进军梅州。10月25日下午3时，红四军前锋抵梅城附近，经过约一小时战斗后进入梅城。驻守梅城的基干大队和警察，听到红军进城不击而溃，逃离梅城。红四军进梅城后，军部驻县政府，随即焚毁司法分庭，释放监狱犯人200余人，其中共产党员10余人，还有所谓“共产嫌疑犯”。同时派出政工人员，开展宣传和做好群众工作，维持城市秩序，张贴朱德毛泽东的安民布告和东江革命委员会主席团毛泽东、朱德、古大存、刘光夏、朱子干、陈魁亚、陈海云7人署名的《关于公布执行土地政纲的布告（第177号）》。25日晚上，朱德召集共青团梅县县委负责人卢伟良等开会，指示四项任务：一是宣传红军政治主张。二是向工商界筹军饷3万—5万元。三是侦察敌情。四是发展工会、农会。26日晨，中共梅县县委书记廖白（又名祝华）率县委秘书黄耀寰（又名日彬）、干部陈任之等赤卫队队员二三十人及东江革命委员会机关人员，由梅南开进县城，住明伦堂（今孔庙），协助红军筹款、采购，协助政工人员、宣传员写标语，向群众演说，宣讲红军的政策和纪律。由于红军纪律严明，深得群众好评，加上政治宣传工作和群众工作做得细致，第二天梅城内外很快恢复了正常秩序，市面活跃。同日，梅城工商界给红四军筹集军饷20450元。下午4时，东江革命委员会在梅城孔庙召开群众大会，有600—700人到会，朱德站在大成殿前的石鼓上，用客家话向群众演讲，阐明红军的政策和纪律，红军是共产党领导的工农子弟兵，红军的政治主张是，号召大家武装起来，成立苏维埃政权等，并要求商界要正常营业。5时左右，从蕉岭、松源追来的陈维远3个团的先头部队跟防守城郊的红军排哨交火，由于当时不明敌人的虚实，为避免损失，红四军决定撤出梅城，向乌廖沙、大沙河唇、乌石头、梅南方向转移，在大沙尾分龙润窝、澄坑两路到轩坑会合，当晚转移至九龙嶂的支脉阿婆嶂，住在嶂西北的南坑。27日，红四军和工农革命军于阿婆嶂会师。28日，中共东江特委书记林道文、军委书记古大存、东江革命委员会主席陈魁亚、中共丰顺县委书记黎凤翔、共青团丰顺县黄金埔区委书记李井泉等人会见了红四军领导人。红四军在南坑、顺里、马图休整五六天后，回师北进，反攻梅县城（今梅江区）。30日上午，开始向梅南的旁溪集结。31日早上，红四军先头部队在轩坑过渡，经长沙、夏万秋、铁卢潭、渡江津到梅城，2个小时后，主力开到了城郊，从西门外上市十甲尾直至东门下市东山角，把梅城东、西、北三面紧紧包围，准备全歼郭思演的教导团。上午 10 时，红军发起攻击，城外东山岌制高点首先为红军占领，驻在西阳的敌军黄承典一个营不敢来犯，城南面是一条宽阔的梅江，敌军不敢涉水渡河突围。战斗开始，红军把主攻方向定在西门，以求直攻城内。由于情报工作失误，红军未知敌军一营人在当天从西阳调防，在经过新庙前时，适逢一营敌人准备出发，于是当即在新庙前与敌开打。老街道没有骑楼，只有店之间的隔墙，红军战士利用隔墙向敌人猛烈进攻。敌人推倒屠桌做工事，在街道两旁的高楼下，组织交叉火网封锁街道，阻止红军前进。同时，长沙一个营的敌人也来到坝尾咀，隔河向红军夹击。红军战士勇敢地向敌人冲击，打死敌军姓郑的副团长，激战持续了数小时，由于地势对红军不利，这个缺口未能打开。金山顶是一个紧靠城墙的小土岗，全城唯一的制高点，城墙有一个缺口，占领了这个阵地，可居高临下，威胁整个梅城，但前面有一片开阔地，接近城墙较为困难。敌人也知道这一阵地的重要，敌团长郭思演亲自在这里指挥。红军发起攻击时，敌人用密集的机枪火力封锁开阔地，阻止红军接近土岗。红军 60 多名突击队队员在火力掩护下，迅速冲上城墙缺口，与敌人展开了白刃战，敌团长郭思演带着一支人马反扑过来，登城的红军突击队员与敌人英勇搏斗，郭思演正在指手画脚的时候，脸上被红军战士打中一枪，狼狈倒下。红军突击队队员趁敌人一阵慌乱，在土岗上杀伤大量敌人，但由于红军后续部队被切断，突击队队员终因寡不敌众，全部壮烈牺牲。罗荣桓率领九支队攻打北门时，腰部负伤，由谭政等队员把他抬下火线。据报载，红军共伤亡 293 人。与此同时，罗瑞卿所率的一个营在城东盘龙桥，打退了从西阳向梅城增援的敌军一个营，击毙了敌营长。下午 4 时左右，敌军援兵将到，红军为保存实力，主动撤出战斗，按原定计划，向梅县的城北、大坪、梅西和平远撤退，第二天转入江西寻乌大田。

红四军来梅、蕉、丰、平一带进行10多天的战斗中，不仅加强和发展了地方党团组织，充实壮大了红四十六团等地方武装，而且推动了各地赤卫队的扩建，提高了广大工农群众对共产党红军的认识，扩大了赤色区域，促进了东江和梅县革命形势的发展，加速了梅县及其周边县进行土地革命。

红四军梅城战役是今梅江区及其周边的客家地区10多天战斗中一个重要战役，朱德、陈毅、罗荣桓、林彪、粟裕、谭政、罗瑞卿、萧克等以及梅江区籍的朱云卿参谋长是梅城战役中的重要领导人。

一、朱德率红四军在梅城战斗中

1929年9月28日，红四军军长朱德，坚决执行中央和福建省委指示，经研究，决定除留第四纵队在闽西活动外，一、二、三纵队共4000多人，全部向粤边梅州挺进。

10月25日下午，红四军攻下今梅江区的梅城，晚上，朱德召集共青团梅县县委负责人卢伟良等开会，指示四项任务：一是宣传红军政治主张。二是向工商界筹军饷3万—5万元。三是侦察敌情。四是发展工会、农会。

26日下午4时，东江革命委员会在梅城孔庙召开群众大会，朱德作讲话，5时左右，群众正听得入神，突然东较场方向传来枪声，国民党军陈维远旅在松口集中了3个团和1个教导团，追打红四军，追至松源、蕉岭扑空，由蕉岭再追至梅城。红四军参谋部对敌人麻痹大意，国民党军接近梅城才发觉并与之对抗。朱德叫大家不要惊慌，继续讲话，最后说："革命是一定会成功的，以后再与大家见面。"因不明敌人虚实，为避免损失，朱德决定撤离梅城，留下两个大队阻击敌人，掩护全军撤退。朱德、陈毅、朱云卿分别指挥 3 个纵队，经南门河程江一带，到大沙河唇，分龙润窝、澄坑两路，到轩坑会合，然后涉水渡梅江，转往梅南，晚上 11 时，全军到达梅南滂溪村，分散在滂溪、耕郑、龙岗、上下罗等村庄宿营，朱德住在梅南中学。

29 日在马图，朱德召开军部会议。得悉两广军阀战争已经结束，原开往广东北江的国民党军可能调回粤东对抗红军，会议决定，必须改变原来计划，暂不深入丰顺、东江腹地，开回梅南，进攻梅城或兴宁，红四军就留在平蕉梅兴接近赣南地方游击，万一有失，则回师赣南闽西。

10 月 30 日，红四军开回梅南滂溪等村，当晚在耕郑村红四军司令部召开战前会议，根据情报，离梅城 10 千米外今梅江区的西阳、长沙各有一个营的国民党军驻守，朱德、陈毅认为要先解决这两地的敌军，以防攻城时敌军的增援；参谋长朱云卿则认为，若先解决西阳、长沙两地的敌人会打草惊蛇，而且那只是小股部队，攻下梅城就可以解决问题。讨论结果，采取了后一种意见，直攻梅城，没派兵牵制西阳、长沙两地的敌人。会议同时决定，三纵从城西正面主攻；一纵从城北迂回包抄，二纵为总后备队，在城东阻击敌人，城南面临程江、梅江，没有桥，过江靠小木桥驳渡船，故未部署南面的进攻。

31 日上午 10 时，红军向梅城发起攻击，至下午 3 时，红军仍未攻入城内，有些指战员主张用火攻，朱德拒绝这一意见，严肃地说："我们打仗不是为了一城一池的得失，而是为了扩大政治影响，消灭敌人有生力量，如用火攻，会烧毁很多民房和商店，群众遭受损失，给敌人造谣中伤红军找到口实，得不偿失。"朱德作出攻城新方案，把攻击重点由城西转移到北门和金山顶。当时北门和金山顶北面是一片开阔的坟墓坡地，敌人用密集的机枪火力封锁开阔地，阻止红军接近，红军 60 多名突击队队员在火力掩护下，迅速冲上城墙缺口与敌人展开白刃战，但寡不敌众，战斗至下午5时，由于敌军援兵已到，为了保存红军实力，朱德下令撤出梅城，向梅县的城北、大坪、平远转移。

11月1日早晨，朱德在大坪留下一个连100人交给中共东江特委陈魁亚带回梅南，伤员20人交给卢伟良转交大坪党支部负责人卢竹轩等照料，卢伟良引领红四军由大坪经梅西，由平远进入赣南。

二、陈毅在梅城战斗中

1929年10月，陈毅从上海经香港、汕头、东江至梅县九龙嶂革命根据地，正好与向南开进的红四军第一纵队相遇，得知红四军大部队已到梅州。陈毅见到朱德后，当天晚上，召集前委会议，陈毅正式传达中央“九月来信”，并作了解释，谈了具体办法。会后，陈毅派人把中央“九月来信”送去蛟洋给毛泽东，并附有自己写的信，请毛泽东回前委工作。部队随即向今梅江区的梅城进发，探明梅城无正规敌军，仅县警备队，相当于一个营的兵力守备，决定直取梅城。10月25日，红四军主力攻占梅城，县警备队纷纷缴枪溃逃。陈毅作为前委和政治部的负责人与中共东江特委，梅县、蕉岭县委筹划成立群众组织及东江革命委员会。26日下午，召开群众大会准备成立东江革命委员会，突然发现粤敌陈维远3个团的正规部队已抵达梅城附近，其先头部队已向梅城猛扑，一部分敌军仗着地形熟悉，进入城内。梅城两面临水，陈毅当机立断，乘敌人未到南门江边，指挥前委和军部人员抢渡上南门河（程江），部队退入梅南山区。红四军在朱德、陈毅、朱云卿等指挥下，避开恶战，安全转移，红军牺牲2人、伤4人，击毙敌人50余人。

在梅南山区（今梅江区长沙等地）红四军驻地，红四军前委再次讨论行动方案，有的主张3个纵队分开到三个地区发动群众。讨论结果，多数人认为在敌众我寡的情况下分兵易遭各个击破，而且中央已指示红四军不应深入东江，同时探得梅城只有敌军一个教导团驻守，一致主张再攻打梅城。决策是正确的，但实际上梅县敌军不止一个团，且广东国民党军有巷战训练，而巷战却是红军的薄弱环节，红军前锋冲入大街后，敌军用手提机关枪、手榴弹等火力抵抗，红军被迫撤到城外。朱德、陈毅、朱云卿等人研究，根据粤军顽强抵抗和大量援军的情况下，广东战局不利红军的进展，决定主动撤出，向敌军薄弱的赣南方向转移。

三、梅城战斗中的罗荣桓

1929年10月25日，红四军攻进今梅江区的梅城后，军队随即撤离梅城外围休整。10月31日，决定再次攻打梅城，罗荣桓率领九支队打进北门，敌军在街道两旁的楼房，用手榴弹、机关枪封锁街道，红军队伍无工事掩蔽。为克制敌人的火力，罗荣桓指挥部队迅速抢占制高点，与敌军展开一场浴血战斗。英勇无畏的红军战士，同仇敌忾，勇敢杀敌，逼退了敌人多次进攻。在敌众我寡的激战中罗荣桓右肋骨下腰部被子弹打穿，血流不止，躺在地上命令部队顶住火力，为迂回部队争取时间。谭政、孙开楚两人继续指挥红军战斗，并冒着枪临弹雨，将罗荣桓抬下火线，由于天色已晚，双方停止了战斗。晚上，红军决定北撤，罗荣桓随部队往北撤离。

四、攻打长沙与官塘大捷

1929年11月上旬，红四十六团决定攻打长沙毛维寿国民党军，经侦察驻扎在今梅江区长沙圩毛维寿旅有两个连共200多名敌人，毛维寿对长沙周边人民坏事做尽，长沙人民恨之入骨。团长李明光为总指挥，召集叶明章、张洪检、赖鼎钦（赤卫队营长）等干部开会，决定为民除害，巩固苏区，军民协作，消灭毛维寿盘踞的反动据点，巩固九龙嶂根据地。行动那天晚上，赖鼎钦带领九龙嶂区赤卫队，携带土炮、台枪占领了长沙圩西面的井子头岗顶，开炮轰击长沙的敌军；区委副书记张洪检率领梅南区赤卫队，从圩镇正面的栅门边强攻敌人；圩南面的牛皮形岗上，由区委书记叶明章带领赤卫队员，用土炮一齐猛攻；李明光率领正规部队在牛皮形附近打击敌人，经过半天的激烈战斗，敌人终于抵挡不住四面的猛烈攻击，毛维寿军坐船逃入梅城。红军进入长沙圩，铲除敌军据点，李明光号召军民协同战斗，清除九龙嶂周围一切反动据点，保卫和巩固苏区。

官塘圩是敌人伸向九龙嶂革命根据地的重要据点。1929 年 10 月下旬，红四军攻打梅城后，毛维寿军任命地方土匪反动头子张徐光（蕉岭人，原是陈炯明部的团长）为特务营长，带领 300 多名匪兵驻守在官塘。张徐光驻扎官塘圩 10 多天，杀人放火，无恶不作。红四十六团、四十七团和县武装大队、梅南区赤卫队在古大存、杨雪如领导下，召集李明光、李彬（红四十七团团长，湖南人）、刘光夏、叶明章等开会研究，决定攻打官塘，消灭张徐光匪军。红四军攻打梅城后 16 天，红军又一次同敌军较量。1929 年 11 月 16 日凌晨，红四十六团、四十七团和梅县武装大队共 1000 多人包围了官塘圩，李明光率部队从官塘圩背的穿风坳冲入圩内，消灭了张徐光的营部及一个主力连，其余两个连仓皇沿河边向梅城方向逃走，匪首张徐光骑着白马向龙岗坪方向公路逃窜，到龙岗坪后，回头用望远境观察红军动静，大骂部下无用，命令反攻回去，埋伏在附近山上的红四十七团官兵直冲下来，一排驳壳枪点射，张徐光从马背上滚落地，匪兵连忙用一只大箩筐装着，把张徐光抬到梅县黄塘医院，不到 3 天张徐光见了阎王，军民无比兴奋。叶加伟、杨伟写了一首童谣：“月光光白如霜，土匪头子张徐光，烧杀工农窜官塘，红军夜袭打一仗，张匪连中二三枪，硬从马背摔路旁，重伤临死张徐光，喽啰忙用萝来扛，一扛扛到上黄塘，医生都说命不长，《民国日报》载端详，呜呼哀哉见阎王！”童谣刊登在团县委主编的《红色少年》刊物，梅南周边人民至今仍流传这首歌谣。

五、陈公坪的红军医院、印刷厂、兵工厂

梅江区长沙镇陈公坪村，位于梅州城区南部山区，东靠丰顺县的马图北山嶂，南与梅县区梅南镇南坑村相连，北接鳄鱼嶂，重峦叠嶂，易守难攻。该村是个狭长形山村，长约 10 千米，该村分为上村、中村和下村 3 段。大革命时期此地被中共党组织开辟为重要革命据点，隶属于梅南苏维埃政权。1929 年中共梅县县委配合红四军抵梅作战，在该村设立红军医院、红军印刷厂、红军兵工厂，为朱德、朱云卿、陈毅等率领的红四军挥师攻打梅县周边地域的敌军作出重要贡献。

红军医院位于梅江区长沙镇陈公坪村江屋的崇庆楼。1929 年 10 月底至 11 月初，红四军抵梅作战期间，该医院曾住有 160 多名红军伤病员，朱德、朱云卿、陈毅在红军攻打梅城后曾慰问这些伤病员，鼓励伤病员保持革命斗志，树立革命必胜的信心和信念。1930 年春，经过近半年的恢复治疗，红军伤病员全部伤愈出院，红军医院转移至丰顺八乡山。

红军印刷厂位于梅江区长沙镇陈公坪村上村吴屋。印刷厂用油印机印刷报纸、传单、土地证等。

红军兵工厂位于梅江区长沙镇陈公坪村上村李屋。兵工厂请五华铁匠等做技工，有 30 多名工人。大革命战争时期主要为红军修理枪支，做土炸弹、手枪、单发步枪、大刀、长矛等武器，生

产时间约一年。

大革命时期，陈公坪村为梅江区重要的革命活动据点，丰梅县苏维埃政府设在陈公坪上村宋屋，区委、总队部、区联队驻扎上村吴屋。乡政府、兵工厂、印刷厂分别设在上村李屋和吴屋。苏区军民坚持革命斗争两年多，后遭国民党军疯狂“清剿”破坏，苏区被烧毁房屋10余座40余间。昔日烽火连天的历史，在革命旧址里仍留下印记。

第六节 红色苏维埃政权建立

红四军挺进梅城后，成立了东江革命委员会，颁布了“土地政纲”。中共西北分委发出“秋斗的中心工作，在赤色割据区域中，建立工农兵代表政权，实行没收分配地主阶级的土地”的指示，推动了梅县及其周边苏区土地革命运动的发展。

一、明山嶂板盖坑苏维埃政权建立

板盖坑村（今梅江区西阳镇），坐落在明山嶂北面，海拔 860 多米，距主峰仅 300 多米，离西阳镇白宫圩约 15 千米。土地革命战争时期，该村山前山后、满山遍野都是茂密的原始森林，高大的松杉与低矮的灌木混杂，密密麻麻，荆棘丛生。村民出入山村，只能走崎岖的山路，从下而上需要 3 个小时。这山高皇帝远的山村，在土地革命战争初期，成为中国共产党领导下的梅州最早建立区级苏维埃政权的地方之一。

据当年参加革命斗争的老赤卫队员座谈回忆，以及《梅县西阳白宫革命史》记载，明山嶂革命活动早在 1927 年夏秋，在参加梅城“五一二”暴动后，领导人杨雪如、叶明章、林一青等带领部分人员到板盖坑和上芦肚、下芦肚等地继续开展活动。1928 年初，梅州各地年关暴动接连受挫，从春夏间起梅县、大埔、丰顺、五华、兴宁各县革命武装先后突出重围，分别到九龙嶂、明山嶂、铜鼓嶂，板盖坑村和周围的山村。5 月，五县革命武装联络研究协商，决定成立梅兴五埔丰五县暴动委员会，推举古大存为主席。6 月中旬，古大存领导举行“畲坑暴动”，推动了工农武装斗争的新发展，各地失散的革命战士纷纷聚集到九龙嶂、明山嶂、铜鼓嶂，开始创建九龙嶂、明山嶂和铜鼓嶂革命根据地。七八月间，杰出领导人罗欣然、李明光、刘光夏分别率工农革命军第十五团和第十二团到达铜鼓嶂、明山嶂，以铜鼓嶂、明山嶂为中心区域开展革命工作。地处铜鼓嶂明山嶂区域的丙村区、西阳区的工农革命军和赤卫队先后建立，积极配合十五团和十二团，扫除铜鼓、明山地区的反动民团及封建势力。10 月，为便于领导铜鼓嶂、明山嶂周边的革命斗争，中共梅县县委研究决定，将全县分成梅东、梅西、梅南、梅北 4 个片区，派出负责人到各片区开展工作，加强对各区乡武装力量的领导，推动各区乡开展斗争和乡村苏维埃政权的建立。中共西阳区委根据县委指示，将西阳、白宫划为两个部分，嶂明、丹赤、三溪、双溪等乡以原有支部为基础，分别成立中共梅县第三区委和第三区革命委员会。

1929 年 4 月，中共西阳区委率先在明山嶂板盖坑村李屋正式成立西阳区苏维埃政府，主席何木发，副主席黄吉轩，成员李丙麟、李焕等。嶂明乡苏维埃主席张榜，副主席黄吉轩，财政李均麟。半年后，西阳区苏维埃政府驻地迁移至吊简坑村（今嶂下村第五队旧址）。11 月，梅南区（包括今梅江区长沙镇和三角镇部分村庄）苏维埃政府成立，下辖罗田、上罗、下罗等 11 个乡苏维埃政府。区苏维埃政府主席庄洪兰，后罗昭记。1930 年 1 月，梅西区（即西阳白宫区）苏维埃政府成立，主席刘民，区苏维埃政府设在板盖坑陈屋，下辖明山、桃坪、白水、新田、双竹 5 个乡苏维埃政府。梅北区苏维埃政府成立，下辖上村、中村、下村等 5 个村苏维埃政府。

二、颁布"土地政纲"进行土地革命

1929年，梅县成立了县革命委员会，主席熊光。梅南成立了区乡苏维埃政权，梅南区苏维埃主席庄洪兰。区乡分别成立12个乡苏维埃政权，其中第九乡（梅江区长沙下罗衣乡）苏维埃主席叶庭章。1929年5月，叶明章调任中共梅南区委书记，任区委书记后，第一件事就是实行土地改革，没收分配地主阶级的土地，办法是全民动员、全民组织、全民武装。全民组织是组织贫农团、赤卫队、青年团、少先队，贫农团由贫苦农民组成，中农以上的富裕者不准参加，贫农团把18—30岁的人组成赤卫队，队员每人发一个红袖章，上书"赤卫队"3个大字；14—17岁的组成青年团，13岁以下的组成少先队。赤卫队是贫农团的武装队，负责保护政权，抵抗外敌，保卫分田地。有了组织，又有武装队伍，干部、群众进行土地革命情绪十分高涨。

1929年冬，梅南区首先将地主的土地全部上缴，然后实行分田地，贫农按每一个劳动力分一份，中农每个劳动力分一份，多余的土地交由贫农团分配，真正做到贫农有劳动力的就有田耕。第一次分田很顺利，仅几天就完成了，农民欢欣鼓舞，连续数年粮食获得大丰收，增强了广大农民保卫苏区的积极性。随着贫农团队伍日益壮大，又有武装队伍，地主豪绅很害怕，连那些好闹事的赌博鬼、鸦片烟鬼都变得老实了，不敢随意拿家中的东西变卖，不敢随意打老婆，因为一经告到贫农团，赤卫队队员马上登门处理，轻则批评，重则罚劳动或关禁闭。农民翻了身，18—30岁的青年纷纷加入赤卫队，赤卫队队员经过训练，有的参加了红军攻打长沙、新塘、官塘、水车的战斗，罗衣的赤卫队还参加了红四十六团攻打畲坑的战斗。赤卫队队员踊跃参军，仅下罗衣乡有古德业、苏坛福、苏辱发等七八人，编入红四十六团，成为红军战士。

1930 年春耕前，梅南区土地分配完毕，地主的地契全部收缴烧毁。2 月，在各区乡成立苏维埃政府的基础上，梅县工农兵代表大会在梅南顺里村召开，成立梅县苏维埃政府，主席熊光（后古远），副主席罗昭记。县苏维埃政府下设军事部、财政部、文教部、卫生部、总务部和经济委员会、土改委员会及人民法院等职能部门，领导梅南、长沙、西阳、白宫、梅北等区乡农民进行打土豪、分田地。

第七节　苏区的成立与反“围剿”斗争

1928—1930 年间，以梅江区西阳镇白宫的明山嶂、铜鼓嶂、九龙嶂为中心的梅埔丰边革命根据地，在梅埔丰 7 地边县党组织领导下，连续发动农民武装暴动，取得了大革命胜利。以西阳明山嶂板盖坑为代表的苏维埃政权成立，推动了各区乡苏维埃政府的成立。特别是 1929 年 10 月，红四军挺进梅州各县，使梅埔丰边革命根据地得到了迅速发展，对成立苏区起到了关键性作用。毛泽东的《寻乌调查》中，对梅县在“朱毛红军”控制游击区域的交通、经贸等方面在中央苏区的重要作用，给予充分肯定。

梅县周边苏区建立和革命根据地的发展，引起国民党反动派的恐慌，1930 年，国民党调来张达旅驻防梅城，在地方团防的配合下，对明山嶂、铜鼓嶂、九龙嶂地区进行疯狂的“围剿”。梅县土地革命斗争后期，由于武装斗争和肃反问题受李立三“左”倾冒险主义的影响，中共东江特委传达贯彻“立三路线”，取消各县党团领导机构，成立了行动委员会。8 月，梅埔丰边县委活动在铜鼓嶂、明山嶂一带的铜山区（今梅江区）委改为梅埔丰行动委员会（行动委员会简称“行委”）。梅埔丰行委执行中共东江特委提出所谓“集中攻坚，非坚不攻”“天天暴动、天天起义”等等主观、盲动、冒险的暴动总目标、总任务，在错误指导下，红军武装部队到处出击，得不到休整和补充，搞得疲惫不堪，实力大大削弱。与此同时，苏区地方武装强行与实力强的国民党武装地方团防火拼，造成梅县周边苏维埃武装力量损失严重。11月，根据中央的决定，撤销中共东江特委、闽西特委，成立了以邓发为书记，李明光为组织部部长，郭滴人任宣传部部长，肖向荣任秘书长，方方任职工委员会书记，李坚真任妇女委员会书记的中共闽粤赣苏区特委。梅县党组织与丰顺县党组织合并，成立中共梅丰县委，书记黎果（后黄炎），副书记叶明章，常委周翠英、黄耀寰、饶集庭、陈耀、古远，委员黎通、戴礼。为配合闽粤赣苏区，各县苏区与邻县联合建立边县根据地，梅县、大埔西部、丰顺，以今梅江区西阳镇白宫的九龙嶂、铜鼓嶂、明山嶂为中心，建立梅埔丰边县根据地，并建立了边县革命政权和工农武装，积极开展反“围剿”斗争，成为中央苏区南部屏障。

1931年4月，梅县苏区及其周边区域，由于受到王明“左”倾教条主义错误的影响，大搞所谓肃清“AB团”，内部肃反扩大化，错杀了几百名干部、战士和群众，加上国民党反动派的疯狂“围剿”，革命遭到严重的挫折，根据地大部分遭到破坏，革命武装人员大为减少。仅在梅江区西阳、白宫墟头一次被杀害的共产党员就有31人，据史实记载，整个土地革命战争期间牺牲了杨广存、李桃彝、廖祝华、黄炎等4位县委书记和县委负责人杨雪如。梅县苏区及其周边区域革命斗争转入低潮时期，是年秋，中央苏区第三次反“围剿”的胜利，给梅县苏区党组织和广大群众极大鼓舞，树立了继续革命的信心，使苏区得到巩固和发展。为配合红军第四次反“围剿”，梅丰县苏区党、政、军领导机构进行了调整，黎果为书记，叶明章为副书记兼苏维埃政府主席，黎通为红军游击大队大队长，梅江区长沙镇的陈公坪为梅丰县苏区时期党、政、军领导机构的机关所在地。

1933年中央苏区主力红军第四次反“围剿”，在赣南宜黄的草台岗、东陂等地与国民党军决战。按照福建省苏区的统一部署，丰梅苏区（含梅江区）党群组织与武平独立师、红二十一军相互呼应，组织力量积极配合红一方面军，在中央苏区南部前沿频频出击，打击反动势力。革命武装先后攻打梅南、畲江、长沙、石坑等乡公所，破坏国民党军的交通，散发红色传单等，为保卫中央苏区最南端的区域，浴血奋战，有力地牵制了向江西“进剿”的国民党兵力，使中央苏区红军主力第四次反“围剿”在赣南宜黄草台岗、东坡等地取得胜利。

1934年国民党举行第五次“围剿”，丰梅苏区党组织接中共武平县委来函（1933年12月发出）：“为粉碎国民党敌军五次‘围剿’……统一按上级部署，抗犯之敌，群众工作，扰敌前犯，尤为主要任责，祈灵活行之。”丰梅苏区与武平岩前、象洞等地，连同赣南的会昌、闽西的上杭等地连成一片，称为中央苏区范围，在兵力悬殊的情况下，军民采取炸桥梁、破路面、设障碍等，扰乱牵制敌军北进的计划。

中央苏区第一至第五次反“围剿”斗争中，作为中央苏区南部前沿的今梅江区及其周边各苏区县，坚决贯彻执行苏区中央局的各项指示，组织苏区武装四处出击，牵制广东国民党军队前往“围剿”中央苏区的军事力量。在执行配合中央苏区第一、二次反“围剿”战争的战略部署中，与国民党张达旅及今梅江区所属和梅县各区乡警卫队，进行了大小100多次战斗，有力地打击了国民党地方反动武装，大大减轻了中央革命根据地南线的军事压力，为中央苏区腹地赢得反“围剿”战争胜利作出巨大贡献。

3

第三章

抗日战争时期

第一节 抗日救亡运动掀起

九一八事变后，在危亡时刻，“国家兴亡，匹夫有责”，全国掀起抗日救亡运动，具有革命光荣传统的梅县人民，在中共党组织的领导下，高举爱国抗日旗帜，和全国人民一道迅速在全区范围内掀起轰轰烈烈的抗日救亡运动，率先发动梅城搬运工人开展罢工，县城各中学的学生掀起罢课，抗议日本帝国主义侵略行为和国民党不抵抗政策。1931 年 10 月 10 日，在中共党组织引领下，一批老党员、老共青团员、政治觉悟较高的进步青年，组织策划了以工人、学生为主的万人以上抗日大会，并举行提灯游行，沿着城区街道，散发抗日救国传单，高呼“打倒日本帝国主义”“反对不抵抗政策”等口号，众志成城，群情激愤。同时，成立了梅县抗日救国会、仇日货检查委员会，在全城各商店及各圩镇进行查禁日货，每逢圩日有进步师生到圩镇、农村进行演讲，宣传“国家兴亡，匹夫有责”，揭露日本帝国主义侵略罪行。此后，梅城还成立了读书会、新梅剧社，每天晚上在新梅剧社民众教育礼堂排练抗日独幕话剧，除在梅城演出外，还到各地圩镇进行巡回演出，深受群众欢迎。梅县的抗日救亡运动，在中共梅县县委领导下，各界抗日进步团体带动下，梅城及各大圩镇分别掀起轰轰烈烈的抗日救亡运动。

一、大众书店、《梅县民报》和刊物《锻炼》出版

在国难当头、民族危亡的时刻，中共中央和中华苏维埃共和国临时政府提出“以民族革命战争，驱逐日本帝国主义”的口号，根据中共闽西南潮梅特委指示，为进一步揭露日本军国主义的侵略罪行，抨击国民党“攘外必先安内”的反动政策，兴起反对日本军国主义侵略，反对内战的群众运动。1937 年 11 月，中共韩江工作委员会（工作委员会简称“工委”）书记李碧山（越南人）为加强梅县及周边抗日运动的领导，指示中共梅城城委书记黎邦组建新华杂志社和大众书店，有关抗日进步书籍和杂志由温碧珍的哥哥温京在广州负责提供，并在县城三槐堂王家祠大门右侧木棚挂出新华杂志社牌子，为抗日进步人士提供的学习书刊有《青年的修养》《大众哲学》《从一个人看到世界》，杂志有《游击队》《抗日大学》《新文摘》等。

1938 年春节期间，在中山大学读书的谢锡琴（又名谢公鈇）和谢双庆回到梅县，谢锡琴到新华杂志社找黎邦说，回梅县原想办一书店，在广州见过温京，提出参加合作的意愿。黎邦将情况报告李碧山，立即同意谢锡琴、谢双庆等人入股的要求，新华杂志社全部资产折股金 25 元，谢锡琴、谢双庆各出资 250 元，新华杂志社由谢锡琴、谢双庆管理，更名为大众书店。大众书店设在义化路，店面共 3 层，初由谢锡琴当经理，书店开业后，进步书刊一应俱全，深受爱国人士欢迎，李碧山和黎邦经常出入书店指导，实质上二楼已成为中共梅城党组织联系的秘密据点。时为梅县东山中学校友会办的《梅县民报》由于业绩不佳，难以为继。为了充分发挥党报党刊在抗战中的核心作用，李碧山指示陈超寰和刘清如先把编辑权拿过来，陈超寰和刘清如跟《梅县民报》董事商量，顺利接过编辑部工作。《梅县民报》报社全权由中共梅

城城委党组织掌控，李碧山亲自抓这一工作，调张琛（又名惠镛）、李凌（又名展新）、王子英等人到报社任编辑。此后，《梅县民报》为中共梅县中心县委的机关报，印刷出版进步书刊供党内和进步人士学习，如毛主席著作《论持久战》《论新阶段》以及妇女夜校读物等。

1938年，李碧山为提高党员在抗日战争时期的核心骨干作用，从1月份起出版了党的秘密刊物《锻炼》，每月出版一期，刊物用32开纸油印，梁练负责刻印。内容是党的指示文件，如《现阶段我们的中心任务》《大量吸收知识分子入党》《反对拉夫主义，也要反对关门主义》等，

二、各抗日团体成立

随着全国抗日救亡运动的兴起，梅县群众的爱国之心、民族精神焕发起来，各种抗日救亡社团组织纷纷组建，爱国救亡运动在梅县各地兴起。

1937年七七事变后，梅县的知识青年，原赤卫队队员、红军骨干潜伏下来的共产党员，在李碧山等人领导下恢复重建潮梅党组织，各地区暗中组织进步青年，踊跃加入义勇军、抗日自卫团、学生抗敌同志会（简称“学抗会”）、抗日救国会、青抗会、抗敌后援会、抗日自卫队、妇女救国会等抗日组织，并创办了《大众》《时代》《青年》等报刊，以宣传抗日为宗旨，组织慰劳抗日将士，发动妇女做鞋，支援前线。在此期间，共产党人多以半公开身份发动组织群众，以教书为掩护，成立回乡工作团等抗日救亡进步组织，发动和掀起“一个铜板的抗日救国运动”，梅县不少学校成为抗日救亡活动活跃阵地。学抗会是中共梅县工委通过东山中学学生会的张明生、卢森文、陈哲等到梅州中学、县立中学、学艺中学、乐育中学、梅州农校、广益女中等学校联系发起

成立的；2000 余人的青抗会由梁集祥、陈晓凡通过温集祥等组织成立；留日同学抗敌后援会是中共梅县中心县委指示郑天任、刘清如、谢健弘，利用各种社会关系，进入国民党官办的梅县抗敌后援会掌握实际领导权的；梅县妇女救国会是中共梅县中心县委妇女部部长温碧珍、党员蔡元贞等进入官办的梅县妇女会，通过改选理事、重新登记会员等成为中共团结和开展妇女工作的重要阵地。抗日战争爆发，梅县党组织在关键时刻抓住时机，冲破国民党的包围、镇压与限制，及时采取应对措施，作出果断决策，引导和发动全县各区、乡成立公开的群众抗日救亡团体，全县四大区共有各界救亡团体 100 多个。

1938 年 4 月，在中共梅县中心县委的领导下，梅县学抗会、青抗会、妇抗会的会员联合行动，组成回乡工作队，向乡亲们宣讲革命道理，教少年儿童唱抗日救亡歌曲。通过宣传，广大农村青年、妇女充分调动起来，投身到抗日救亡运动。

随着抗日战争形势的发展，梅县及其周边各县为支援前线抗战，先后成立了抗日军训队、回乡抗日救亡工作团、防空支会、抗日游击队、抗日游击队韩江纵队等，并开办游击训练班和群众抗日干训班，提出“一切不愿做亡国奴的人们，一致抗日”“拥护政府和军队抗战”等口号。中共梅县中心县委动员组织 100 多名党员和进步青年到闽西参加新四军第二支队，奔赴前线参加抗日武装斗争，并向抗日前线输送青壮年 3600 多名，筹集资金 1.14 万元。如火如荼的抗日救亡活动触动了国民党的军政要员，时任广东省第五区行政督察专员兼保安司令刘志陆，指挥潮汕及丰顺的抗日自卫团与日军在汤南、汤坑、石角坝等地打仗，以国共合作为基础的抗日民族统一战线在潮梅地区初步形成，潮梅抗日救亡运动走向新阶段。

三、“七君子事件”

七七事变后，虽然国共达成合作抗日，但广东的国民党在广大民众抗日运动不断高涨的浪潮中，执行“攘外必先安内”的方针，梅县各级党组织及抗日社团组织，仍遭国民党军队的疯狂“清剿”。1940 年 3 月 30 日，以汪精卫为代表的国民党伪中央政府在南京成立，潮梅的国民党顽固派亦遥相呼应，推行“一党专制，一个主义”的方针，强令解散各界抗日团体，采取以组织对组织的行政手段，强迫高中各年级师生加入三民主义青年团（简称“三青团”），企图控制学校阵地，与共产党争夺青年学生，阻止中共党组织发展。5 月，国民党顽固派积极反共、消极抗日，反共高潮的逆流波及梅县，梅县国民党当局下令解散县学抗会等抗日救亡团体。5 月 20 日，梅县学抗会理事会召集梅县各中学学生代表 200 多人在梅城民众教育馆召开代表大会，抵制解散梅县学抗会，并向国民党梅县党部示威请愿。国民党当局竟诱捕学生谈判代表李鸣铮、刘时敏、黄新元、何孟琳、姚秋实、潘佛章、李国超等 7 人，他们分别是东中、梅州、女师、农校的学生，其中有 6 名是中共党员，并开枪威胁，驱散请愿队伍。面对国民党反共、破坏抗日活动日益加剧的形势，中共地方各级党组织根据上级“在战区、敌后，要进一步依靠群众，……极力巩固党组织，严密注意秘密工作，千万不要疏忽，……在一切地方准备对付局部的突然事变”的战略思想，特委指示辖区内各县（包括今梅江区）党组织，改变领导体制，实行单线联系，从斗争的半公开形式转入秘密形式，建立秘密机关，全体党员改变工作作风，实行与之相适应的秘密工作方法，党的工作生根于工人、农民、教员等基本群众中。对暴露身份的党员，要求在原抗日团体解散后，加入合法名义的团体中，隐蔽身份，等待时机或到前线、敌后发展党组织，开展游击战争。

6月4日晚，中共梅县中心县委青年部在东山中学党总支所在地熊屋召开紧急会议，决定由进步学生组成半公开的学生救援会，推动被捕学生的营救工作，在学委领导下成立救援小组负责营救工作，参加救援小组的成员有卢梅轩、陈国谋、罗昆石、林宏元、廖鸿英、梁铮卿、邓频喜、梁道新等。在党和各阶层人士的全力营救下，国民党当局被迫在6月中旬释放被捕学生，史称"梅县七君子事件"。

"梅县七君子事件"后，梅县学抗会被迫解散，抗日形势处于低谷。

第二节 地方党组织恢复和发展

一、中共梅县工委、梅城城委、梅县中心县委成立

1937 年 1 月，中共南方临时工作委员会负责健全广东和香港各级党组织的机构，成立中共潮汕工委，指示李碧山为书记，李平为组织部部长，曾应之为宣传部部长，负责整个潮梅地区党组织的恢复和重建。具体分工，李碧山负责兴梅，李平、曾应之负责潮汕。李碧山从潮汕来到梅县，开始恢复重建梅县及其周边地区党的组织和抗日义勇军工作。几经曲折，联系上老熟人——正在暗中着手恢复梅县中共地方组织的党员陈仲平（福建武平象洞人）。陈仲平汇报了梅县党组织恢复情况，梅县抗日救亡运动，以及一批条件成熟的党员发展对象。李碧山根据陈仲平的汇报，恢复了一批梅县山区的党员。在梅城恢复吸收了王芰祥（又名王平）、黄芸（又名黄雨凝）、黎邦（又名黎戈锋）等共产党员，接着恢复了梅城附近乡村一批老党员的组织关系。为尽快扩大义勇军队伍，吸收了梁集祥、陈仆人、李展新等加入义勇军（属党的外围组织）。梅县各乡村党组织得到恢复，各地义勇军逐渐发展起来。

1937 年 3 月，遵照中共潮汕工委来信指示，李碧山在不断壮大党员队伍的同时，组织成立中共梅县临时工委，书记为陈海萍（又名陈海平）。此后，又组织成立了中华抗日义勇军梅县大队，

大队长李显云。5 月，中共梅县工委正式成立，王勉为书记，陈仲平为组织部部长，陈海萍为宣传部部长，李显云为青年部部长，林汝舜为保卫部部长。8 月，王勉与陈仲平等参加中共在香港召开的南方临时工作委员会会议，回到梅县后，中共梅县工委开办了一期爱国团体训练班，举办防空救护训练班，并组建了防空救护团。10 月，李碧山代表潮梅党组织，陈仲平代表中共梅县工委参加中共闽粤赣边省党代表大会，李碧山当选为闽粤赣边省委委员。大会决定，潮梅地方党组织由原来香港南临委领导改属闽粤赣边省委领导，潮梅地区党组织与闽西、闽南党组织合为一个整体。中共韩江工委迁驻梅城后进行人员调整，书记李碧山，副书记伍洪祥（兼组织部部长），宣传部部长李平（兼潮汕分委书记），青年部部长黄芸，妇女部部长温碧珍。

1937 年冬，李碧山批准了黎邦介绍的廖胡今、叶诗予、丘国华和留日抗敌同志会的谢镇军、陈超寰入党。同时，李碧山根据王平、黄雨凝的汇报，批准和吸收了一批青年读书会和学生读书会中的部分会员入党，并指示黎邦成立中共梅城工委（又称梅城城委）。黎邦任城委书记，丘国华为组织委员，王平为学生委员。为加强对梅城及近郊抗日救亡运动的领导，先后成立了青年读书会、学生读书会、店员读书会、工人读书会，为推动抗日救亡运动的发展奠定基础。同一时间，李碧山根据陈超寰、谢镇军的汇报，了解到留日抗敌同志会中谢健弘、刘清如、张嘉陵、郑天任 4 人在土地革命战争时期曾为党工作，大革命失败以后到日本留学，有入党要求，因此，李碧山、黎邦先后到谢健弘、张嘉陵、郑天任等人的家访问谈话，后经组织批准加入了中国共产党。梅县留日学生中有 6 位党员，为扩大梅县抗日救亡运动，李碧山亲自布置留日抗敌同志会的党员，利用留学日本的合法身份与时为官办的梅县抗敌后援会联系，经过刘清如、陈超寰等人的努力，把官办的梅县抗敌后援会全部工作接过来。李碧山考虑到在抗敌后援会中有5名党员，于是组成一个特别支部，又叫党团，由李碧山亲自领导。在此期间，李碧山布置举办了一期学习班，参加人数100多人。学习班结束后，梅城的抗日救亡运动迅速发展。12月，根据中共南方临时工作委员会指示，潮梅地区党组织划归闽粤赣边省委领导，撤销韩江工委和梅县工委，组建中共梅县中心县委。李碧山在梅城铸锅巷王勉家召开会议，正式成立中共梅县中心县委，书记李碧山、副书记伍洪祥、组织部部长吴国桢、宣传部部长黄芸、妇女部部长温碧珍、秘书梁练、委员陈仲平等，下辖梅县、兴宁、大埔、蕉岭、武平等地党组织，机关设在梅城李碧山住处（今梅江区金山街道螺子角李屋），一度中断活动的党组织得到恢复。中共梅城城委书记黎邦向县委书记李碧山汇报，土地革命战争时期，由于中共党组织遭到敌人的破坏，导致梅县中共党组织隐蔽分散于各地，有不少受革命形势影响的进步人士倾心向党，在抗日救亡运动中表现很好，如白宫的钟国铨、古歆祥、蔡瑞星、吴志香等人。李碧山听了汇报后，于1938年春节前，在黎邦的陪同下，先后找到钟国铨等人谈话，春节后，各地经过谈话的人，都批准吸收重新入党。同时在各个区乡建立了支部，白宫支部书记为古歆祥、支委吴志香、蔡瑞星。在梅城城区，城委党组织在李碧山、黎邦等策划下，不断扩大活动范围，先后发展了黄淑明、黄集华、黄渊隆、黄戈伦、张英、黎剑、刘孟方、张体康、丘清泉等人入党，并编入党支部或党小组过组织生活。与此期间，王平在梅州中学建立了党支部，吸收了林壬云、古振纯、李济尧、黄叠营、叶剑锋、黄永庆等人入党；东山中学由廖胡今介绍张明生、廖伟、叶善昌等人入党后，又吸收了卢森文、郭文杰等人组成了支部；县立中学吸收了吴斐明、吴文彬、谢禄秀等人组成了支部。与此同时，乐育中学、女子师范、广益中学等校先后发展了不少党员。温碧珍也吸收了蔡元贞、李惠若、廖洪英、陈德惠等人入党。此外，梅江桥南岸、芹菜洋也建立了党支部。

1938 年三四月间，建立了中共梅城、西阳、白宫等几十个党支部，以各支部为纽带，建立了各地抗日群团组织。梅城及各地党组织不断发展，党员队伍不断壮大，梅县党组织进入一个新的发展时期，至 1939 年 11 月，梅县党员人数发展到 1000 多人。基层党组织得到加强，中共梅县中心县委领导老区抗日救亡运动，迅猛发展壮大。

二、中共梅城市委成立

1938 年 5 月，中共梅县中心县委书记由伍洪祥接替，中共梅城城委书记黎邦调任中共丙村区委书记。10 月，广州、惠州、博罗、汕头相继沦陷，汕头马屿口日军敌舰耀武扬威，潮汕形势极为紧张。中共党组织加强对梅县的领导，李碧山调回梅县，随同调回梅县的有新任县委宣传部部长陈光。11 月，王平从新四军回梅县，李碧山把黎邦调回梅城，中共丙村区委书记由王平接任。抗战形势紧张，李碧山在芹菜洋召开县委会议，决定把原中共梅城城委改为中共梅城市委，黎邦任书记，丘国华任组织委员，黄叠营、叶剑锋任梅县学委，廖胡今任宣传委员，梁集祥为军事部部长，赖竹乡为市委秘书。市辖范围除附城外，包括梅江南岸、芹菜洋、大浪口等地。会上，李碧山作了抗战形势的分析，日军占领潮汕之后，一是可能从陆路汤坑猴子岽到兴宁下梅县，二是可能从水路直上梅县。因此，决定在松口、丙村、芹乡、西阳、梅西等地建立游击据点，准备抗敌。中共梅城市委的成立加强了梅县党的领导，同时为打击日本入侵梅县做了充分准备，动员党员干部，打进国民党民众抗日自卫团，掌握武装。期间，国民党举办了一次自卫团干部训练班，中共梅城市委派中共党组织人员今梅江区西阳镇白宫的吴志秀、杨扬、钟伟光、李发英和李玉槃等参加了训练。

三、特委机关在泮坑体仁居

1938年，国民党蒋介石背信弃义，破坏抗日民族统一战线，颁布反动的《限制异党活动办法》，制造反对共产党的逆流，反共摩擦事件频频发生。日本侵略军侵占了广州，继而进占潮汕。日军为了侵占潮汕平原，经常飞机骚扰后方的梅县，对梅县进行狂轰滥炸，先后共出动飞机13批75架次轰炸梅县（其中7批43架次轰炸古塘坪机场，4批23架次轰炸梅城，1批6架次轰炸扶大大塘兵营，1批3架次轰炸丙村锦江桥），投掷炸弹204枚，炸死炸伤军民10多人，炸毁民房10多间，炸沉民船一艘。日机坠毁3架，死伤飞行员6人。日本飞机轰炸梅县古塘坪飞机场，飞得很低，当地军民用步枪击中，飞机坠落在今梅江区的长沙圩河滩上，飞行员跳伞逃生，因抵抗被击毙。8月，日本侵占潮汕后，潮汕形势非常紧张，为加强潮梅地区党的领导和抗日救亡运动，中共闽西南潮梅特委第五次扩大会议决定，把特委机关从闽西永定县搬迁到梅县，“南委事件”发生后，南委书记方方关键时刻来到梅县，与爱人郑小萍、秘书许韵松（许英）和交通员郭玉意等4人组成的特委机关，先在陈卜人（原名陈晏丞，中共闽西南潮梅特委副书记）家住。是年冬，为确保特委机关安全，经中共梅县中心县委、梅城市委慎重择址，特委机关转移到白土乡泮坑桃树下体仁居熊秋魂（又名熊念敦）家。泮坑村距梅县县城7千米，是个依山傍水，前出平川，后枕清凉山的半丘陵山村。该村桃树下自然村村头的一座三堂四横客家堂屋——体仁居就是熊秋魂的家，体仁居住的人不多，离村民住房较远，来往人少，是宽敞安静的住宅。中共梅城市委将方方安排住在体仁居，其安全保卫、日常生活供应和保密工作，全部由熊秋魂负责。方方等 4 人以假家庭的方式，对外宣称姓王，方方对外联络都通过熊秋魂，方方的工作很机密，行动很谨慎。其时，中共梅县中心县委机关设在梅县城郊，方方领导特委机关在中共梅县中心县委协助下积极开展工作，认真贯彻中共中央六中全会扩大会议精神，“不断巩固和扩大抗日民族统一战线，用长期合作来支持长期战争”和“全党独立自主地放手组织人民抗日武装斗争”的方针，加强潮梅新区党的工作，加强抗日武装和抗日救亡运动的领导。1939 年下半年，方方到芹菜洋张屋召开特委扩大会议，进一步明确巩固和扩大抗日民族统一战线的重要性，特委宣传部部长姚铎和特委副书记陈卜人等参加了会议。

1940 年 6 月，中共闽西南潮梅特委机关由于抗日战争需要迁出梅县，特委机关在今梅江区泮坑体仁居的半年时间内，泮坑一度成为抗日据点。

四、县委地下交通站裕安祥

1937 年，抗战全面爆发，梅县在党的领导下，开展抗日救亡运动。为适应形势发展的需要，中共梅县中心县委和梅城城委指示杨微仪（称四姆）先后在今梅江区的梅城上市社甸背和元城路中段，开设小食店和裕安祥青果店，作为地下党的交通联络点，后来裕安祥作为中共梅县中心县委的地下交通站。杨微仪的小商贩身份，既掩护党的地下活动，又减轻了党的经济负担。梅城地处交通枢纽，中心县委地下交通站的任务很繁重，经常需要与湾下、泮乡、南口、丙村、西阳、松口和兴宁、平远、蕉岭、大埔，以至闽西等地联系，地下党来往的人员都知道梅城地下交通站在裕安祥。是年寒假，李丹和进步学生到西阳、白宫宣传演出，回到梅城，都以裕安祥为落脚点。1937—1938 年，地下党的领导人方方、李碧山、陈华、伍洪祥、李平、林美南、王亚夫等，曾住在今梅江区西区螺子角李屋，作为中心县委的秘密机关，其时裕安祥是对外联络点，负责对外联络任务的是杨微仪。

1938 年，李碧山积极领导学生运动，与学抗会主席李鸣铮同住在一起，并在裕安祥寄膳。还有梁集祥、廖伟、陈明、王立朝、黄戈平（又名汉琴）、张英、蔡元贞、古素梅、姚秋实、李蕙若、陈德惠、熊钦海、潘佛章、陈家震、侯巧如、侯秀如、侯晴如、梁练、马添荣、李国瑶、邹传辉等，在抗日战争时期，经常进出于裕安祥，都曾得到掩护，未出过意外。

1940 年，温碧珍从老区来到梅城，到裕安祥联络工作，被敌人盯梢，温碧珍刚登楼，便衣就窜到店中，问店伙计陈亚成（地下党员，党组织安置在该店协助工作）刚才进店上楼的女人是什么人。陈亚成若无其事淡定回答："噢，那是老板娘的亲戚，来串门探亲的。"敌人一无所获，灰溜溜而去。裕安祥地处元城路与西门路交叉的十字路口，虽然出入方便，但店堂很浅。东边间隔是皮革商店，老板是梅县三青团头子熊耀豪的哥哥，经常虎视眈眈监视着裕安祥的动静，且距离国民党县政府、县党部很近，真可谓在虎口之下。要保证出入联络的人员安全，确实不容易，裕安祥交通站发挥了关键作用。5 月，梅县"七君子事件"发生后，震动岭东，裕安祥交通站交通员杨微仪到处奔走联络，昼夜奔波营救 7 位爱国学生和探监，直到 7 人平安出狱。"南委事件"发生后，地方党组织转入"隐蔽精干、长期埋伏、积蓄力量、等待时机"的阶段，环境困难。中共梅县中心县委以裕安祥为据点，积极联络地下党员，帮助从外地回来的党员寻找组织，恢复关系，历数年如一日。党组织恢复活动后，1945 年初，李丹和李国瑶从外省奔回梅县寻找党组织，在裕安祥交通站努力下，一个星期就和地下党的负责人阿琴哥和陈明取得联系。

1940—1945 年，抗日战争进入最艰苦的阶段，日本侵略军打通了粤汉铁路，占领湖南、江西、广西、粤北大片土地，侵入潮汕的日军蠢蠢欲动，企图进占兴梅，贯通粤北。在日本侵略军步步进逼的危急形势下，爱国民主人士李章达、张文、杨伯恺、李伯球、郭翘然、胡一声、丘克辉、杨飘棠、李世浩等人，退居或回到梅县继续发动民主运动，裕安祥交通站积极帮助他们，出入于梅城，与民主人士联络。

1945 年 8 月，日本宣布无条件投降，抗战宣告胜利结束。中共闽粤赣中心县委书记李碧山偕夫人温碧珍奉命返回越南，从梅埔边秘密返梅城，在裕安祥住了一宿，经兴宁、东江安全回国。

五、梅县交通支部建立

1941 年，中共梅县中心县委撤销，改为中共梅县县委，县委决定成立直属交通支部，由县委书记直接领导，指派张弢任支部书记，成员有谢禄秀（又名谢淦青）、温万兴等。

1942 年春，县委对交通支部作了调整，温万兴调白渡与县副特派员廖秋声一起担任交通员，梅城内的交通支部由张弢、谢禄秀负责。6 月，中共南方工作委员会（简称“南委”）遭敌特破坏后，根据南方局指示，潮梅党组织暂时停止活动。潮梅特委特派员林美南和特委机关隐蔽在城郊（今梅江区西郊）乌廖沙菜园，南委联络员李碧山隐蔽在大埔县，分别领导潮梅党的地下工作。交通支部没有停止活动，张弢和谢禄秀共同负责潮梅特委特派员林美南的交通联络工作，梅县方面以张弢为主，谢禄秀偏重潮汕方面。为了更好地掩护地下党活动，张弢辞去肩一小学教员，到梅城泰康路隆发米店当掌柜，交通支部建立了新隐蔽点。谢毕真到隆发米店找张弢，由张弢随谢毕真前往乌廖沙找林美南。平时林美南通过陈权（特委机关党员）往来传递消息。

1944 年冬，梅县党的工作由林美南领导，林美南回潮汕领导抗日武装斗争后，党组织由李碧山领导，张弢担任李碧山的交通联络员。1945 年 1 月，谢禄秀被捕，交通支部工作受到较大影响，联络工作由张弢独挑。

1945 年初，李碧山、林美南等负责人进行形势分析，认为潮梅地区恢复党组织活动，开展抗日武装斗争条件成熟，李碧山通过交通支部书记张弢发函电，联系党员回梅县，参加武装斗争和地方组织工作。熊钦海在仁化接到张弢的函、电后，与妻子陈德惠由粤北步行回到梅县，先到隆发米店交通支部找张弢，由张弢告知交通站负责人宋梅通找到李碧山。李碧山恢复了熊钦海的党组织关系，并派其前往梅、丰、兴、华、揭边的八乡山创建抗日游击队，不料熊钦海、温万兴和严明在执行任务时遭反动武装袭击被捕。期间，张弢还恢复了泮坑的古彩英及江西回梅的彭碧琴的党组织关系。

中共梅县县委直属交通支部担负着包括梅城市委、县工委、中心县委、特委、领导机关的交通联络。八年里，经历了组织建立、组织暂停活动、恢复组织活动、开展武装斗争等特殊、复杂、艰险历程，胜利地完成任务，为党作出重大贡献。

六、水白党总支与妇女党支部建立

1938 年春，中共梅县中心县委成立后，坚决执行中共闽西南潮梅特委在潮梅新区发展党组织的正确方针，调派党员廖伟到附城的水白（即水南、白土两乡）开辟新区。6 月，建立了水白第一个党支部，1939 年 1 月，成立了水白党总支，直属梅县中心县委领导，总支书记廖伟，组织委员叶敬章，宣传委员熊钦海，妇女委员陈德惠（水白中学教师）。根据形势发展，中心县委指示水白总支，一要转变工作作风，二要转移工作重点。要从公开的抗日救亡活动深入到农村农民中发展党的组织，争取掌握武装。水白党总支确定以泮坑为工作重点，先在内泮坑建党，开办妇女夜校。泮香学校的教师几乎全是流动剧团和青抗会成员，桃树下的进步青年熊秋魂是发展对象，所以，选内泮坑的泮香学校开办妇女夜校，并作为妇女工作的基点，建立党的组织。党总支派陈德惠具体负责，廖伟、熊钦海通过流动剧团继续对熊秋魂进行培养发展入党。

1939 年 5 月，由陈德惠介绍，经水白党总支批准，王英秀、熊锦荣、肖美玲宣誓入党，是第一批党员，成立党小组，组长王英秀；8 月，古彩英、熊兰英入党，为第二批党员，并成立了中共泮坑妇女党支部，陈德惠指定王英秀任支部书记，古彩英任支部副书记。妇女党支部积极配合抗日战争，发动群众为抗日将士做草鞋，过春节送年糕甜粄慰问抗日将士家属。

泮坑妇女党支部是妇女夜校的领导核心，党支部建立后，夜校越办越有起色，越办越巩固，深受群众欢迎。没有灯油费，党支部发动夜校生上山开荒种畲禾；姐妹们上学受阻，党员深入各家各户做好思想工作；农忙时往往因劳力不足误了农时，党支部组织夜校生换工，互相帮助，不误农业生产，泮香妇女夜校成为水白两乡（含湾下）深受群众欢迎的夜校。

1939 年冬至 1940 年夏，中共闽西南潮梅特委机关转移到梅县附城，书记方方等住在水白泮坑体仁居熊秋魂家，泮坑妇女党支部协助熊秋魂承担掩护的重任。时任水白党总支书记的熊秋魂从梅县中心县委接受任务后，直接向泮坑妇女党支部正、副书记王英秀、古彩英布置掩护任务。要求严格保密，对外称方方书记为王先生，是熊秋魂的南洋朋友，一家 4 口（中共闽西南潮梅特委书记方方夫妇、交通员郭玉意、机要秘书许韵松）从潮汕回梅县暂住，注意村中动静，特别注意保卫方方居住周围的安全，日常生活需要的盐油柴米蔬菜都由泮坑妇女党支部供应。王英秀是熊秋魂的堂弟媳，共住体仁居，方方等的日常生活需要，都是通过王英秀与郭玉意联系解决，还帮助特委做交通联络工作。泮坑妇女党支部高度负责，保证了方方等潮梅特委机关人员的安全，直到机关撤走，村民还不知有“王先生”借住体仁居。

曾任福建苏维埃农业部部长的中共闽西南潮梅特委妇女部部长范乐春，是张鼎丞的夫人，中央苏区的妇女领袖。1940 年，范乐春积劳成疾，患了严重的肺结核病，由福建转到梅县的黄塘德济医院治疗。泮坑妇女党支部闻讯，经中共梅县中心县委妇委批准，熊兰英代表妇女党支部提着鸡蛋和捐款购买的鱼肝油前往医院探望，范乐春十分感动，亲笔写信给泮坑妇女党支部，鼓励要“克服困难，坚持斗争，继续革命，永远跟着共产党走，积极去完成伟大的革命事业”。

泮坑妇女党支部是一个坚强的党支部，党员的组织观念强，素质高，遵守党的纪律，严格保守党的秘密，有坚定的革命信念和坚强的革命意志。1941 年，熊兰英到潮塘、西阳等地教书，组织关系留在泮坑，按时回泮坑过党组织生活。1944 年暑假，熊兰英与张伯赞（又名张英）结婚后到东江纵队，分配在博罗县交通站工作。1945 年 10 月，因叛徒告密被捕，受尽严刑拷打，宁死不屈，严守党的秘密，被国民党当局杀害，光荣牺牲。

1944 年冬，梅县恢复党组织活动，泮坑妇女党支部留下的成员只有古彩英、肖美玲，两人恢复组织关系后，联系上在梅南开展抗日武装斗争的粤东支队第九武工队队长杨山。泮坑有优越的地理环境，游击队经常在此出没，泮坑后成为游击队的活动基地。特别是古彩英，积极帮助游击队解决困难，送信、联络、接待、伤病员疗养、做好群众工作等，古彩英的家成了游击队的联络站。

第三节 抗日游击队建立

1939年6月22日，汕头沦陷后，中共梅县中心县委立即传达中共闽西南潮梅特委指示，要求各级党组织实行“紧急动员，争取时间，加紧准备”。7月，中共闽西南潮梅特委机关根据中共中央的精神，抓住抗日形势的特点，制定了指导党内外斗争的方针和策略，颁布了《中共闽西南潮梅特委秘密工作条例》，提出工作方向应放在开展游击战争，建立抗日游击队伍，揭露敌寇进攻的残酷性和怀柔政策，加强党组织对游击战领导等具体对策。

为适应新的形势需要，中共梅县中心县委书记王维，组织部部长兼青年部、妇女部部长梁集祥，宣传部部长陈光（又名陈华）与梅城市委迅速组织战时工作队，深入农村山区建立根据地，开辟梅兴丰边（含梅江区）抗日游击区、梅埔丰边（含梅江区）抗日游击区、梅埔边（含梅江区）游击区。加强党在游击区的发展，唤起群众抗日支前情绪，建立自卫团和常备队武装，首要任务是抗日，打击日本侵略军，创造条件到潮汕前线抗日。其次是自卫，与国民党顽固派进行斗争，巩固老游击区，开辟新区，坚决完成党赋予的保家卫国的任务。

1939年11月，中共闽西南潮梅特委机关召开第六次执委扩大会议，作出了坚决执行中央关于国统区党组织采取“隐蔽精干、长期埋伏、积蓄力量、等待时机”的工作方针，“集中力量于巩固党的组织”，有计划地隐蔽、撤退干部，想办法打进国民党各部门，利用合法身份进行斗争，开展干部整训等各项决定。国民党顽固派公开反共，分裂统一战线，破坏抗日救亡运动，中共梅县中心县委开办的大众书店、启蒙书店、南方书店及《梅县民报》先后遭查封，以国共合作为基础的抗日民族统一战线面临严重的危机。面对新的斗争形势，中共闽西南潮梅特委书记方方奉命到南方局学习，特委作出果断决策，将特委主要负责人及时疏散，特委机关人员分散隐蔽。

一、中共南方最高指挥机关在梅城

1940 年 11 月，中共南方工作委员会正式成立，方方任书记，领导华南各省党组织。同时撤销中共闽西南潮梅特委，分别成立闽西、闽南、潮梅 3 个特委，直属南委领导。南委下辖中共潮梅特委，领导潮汕和兴梅两个地区 9 个县委的党组织。南委成立后，南委机关在梅州城内设立电台、交通站和联络站，梅州一度成为华南地区抗日救亡的领导中心，南委机关人员有李碧山、刘永生、陈光、廖伟、黄维礼等。

1942 年 6 月，“南委事件”发生后，潮梅党组织的处境极为危险。1943 年春，南委书记方方离开梅州赴延安，指定李碧山为南委联络员。李碧山临危受命，采取紧急应变措施，一是负责安全转移南委书记方方，二是妥善安置南委机关人员近 30 人的隐蔽和生活，三是负责闽粤赣边地区与上级以及闽西南、潮梅各地党的联络工作。

潮梅党组织按南方局决定，除敌占区、游击区党组织照常活动外，国统区党组织一律暂时停止活动，上下级和党员之间不发生组织关系，不发指示，不开会，不收党费，严格执行“隐蔽精干、长期埋伏、积蓄力量、等待时机”的十六字方针，并采取撤退转移党员干部，留下“根子”（即观察员），确保党组织安全的措施。暴露了的干部和党员撤往各地，未暴露的在原地隐蔽或在各县之间易地安置，外撤或原地隐蔽的干部、党员均实行“三化”[①]，执行“三勤”[②] 任务，潮梅国统区党组织进入极端艰难的隐蔽斗争阶段。

二、隐蔽在百花洲乌廖沙的潮梅特委机关

“南委事件”后，中共南方局要求潮梅（含梅江区）党组织暂停组织活动，指示南委大部分干部党员撤退，由林美南负责潮梅党组织的全面工作，方东平协助工作。1942 年 7 月，负责潮梅党组织全面工作的林美南和特委、县委机关撤到今梅江区的城北五里亭棣花楼林屋。林美南化名吴瑞麟以从潮汕逃难到梅县做生意的商人身份，携同化名王雪娥的“妻子”方东平与“合伙人兼管家”陈权（原潮梅特委政治交通员）到梅县城郊百花洲的乌廖沙村（今属梅江区）租下 10 多亩（1 亩≈666.67 平方米，下同）沙滩地，经营菜园，随后又派几名党员以长工、佣人的公开身份到菜园工作。林美南的母亲和子女在此居住，这个大家庭表面上有主仆，有老小，像个较富裕的普通家庭，其实是长期隐蔽的潮梅特委机关。

潮梅特委机关在乌廖沙村安顿后，通过梅城泰康路隆发米店的张体康、凌风东路京杂店生活社的谢禄秀、大墓岃的温万兴（又名再生）等组成秘密交通线，与留在潮梅周边地区的主要干部李碧山、朱曼平、魏金水、周礼平、林川、曾广等保持联系，利用党的工作和群众基础，扎根于群众之中。个别干部利用社会关系集资开办实业，既掩护革命干部，又是秘密联络点、活动点，

---

① “三化”指合法化、社会化、职业化。

② “三勤”指勤业、勤学、勤交友。

还为撤往外地的干部提供方便。大部分干部继续巩固在学校的阵地，在各村基层积极广交朋友，与校董、乡绅交朋友，通过坐闲间、入洋寮、开拳馆，深入群众，倡办公益事业，帮助调解纠纷，择机进行抗日宣传活动，赢得了各方赞誉和群众的拥护。鼓励支持在潮梅各县的党员干部，充分利用发挥各方关系，出任保长等，更好地了解政治动向，保护党的干部，发挥了特殊作用。

潮梅党组织暂停组织活动期间，在百花洲乌廖沙林美南等组成的县委机关领导下，经受了各种严峻考验，确保党组织的安全，完成了保存积蓄力量的战略任务。潮梅党的组织更坚强了，广大党员加深了同人民群众的联系，提高了政治理论水平和应付复杂环境的独立工作能力，增长了才干，这是“南委事件”后潮梅地区能够顺利恢复组织活动，迅速掀起抗日武装斗争高潮的主要原因和重要保证。

三、恢复党组织活动，开展抗日武装斗争

1944 年 11 月，潮汕地区几乎全部沦陷。危急关头，坚持在梅州山区隐蔽活动的原南委联络员李碧山，主动联络闽粤边党的负责人，与闽粤边、潮梅党的领导人朱曼平、魏金水、林美南等多次举行秘密会议，讨论和分析抗战形势和各地党组织的状况，认为潮梅及闽粤边区恢复党组织活动和开展武装斗争的条件已经成熟，必须尽快与上级取得联系请示汇报。遂决定派原中共梅县学委领导成员吴坚前往东江纵队，通过东江纵队电台向中共中央报告请示，很快得到中央批准。李碧山与林美南、魏金水、朱曼平分别会见密商后，决定按中央指示，尽快地逐步恢复党组织活动，组织抗日武装队伍，开展抗日斗争。经商定，林美南负责潮汕工作，梅县及其周边党的组织关系移交给李碧山负责。在李碧山领导下，梅县及其周边地区恢复党组织按片按地区分别进行，

并调回原南委电台的报务员程严，准备恢复电台，争取尽快与中央直接联系。

梅县及其周边党组织对隐蔽在本地区的党员进行审查，经审查合格才能恢复组织关系。各级党组织有计划地分片进行审查党员，恢复党员的组织关系，并逐步建立党的各级领导机关，梅城党组织的恢复由李克平负责。与此同时，梅城及各地党组织积极筹建抗日武装队伍，准备开展抗日武装斗争。

四、组建抗日游击队，建立游击根据地

1945 年春，李碧山奉命组建抗日游击队，2 月 13 日，抗日游击队韩江纵队成立。2 月 26 日，扩编为 4 个支队。同时宣布建立中共梅埔丰边工委，指定陈明为书记，黄戈平、杨扬协助工作。在饶和埔边开展恢复老区，发展新区工作，并建立电台，实现与党中央的密码联系，结束梅县党组织自“南委事件”后与中央联系被切断的岁月。3 月 6 日，中共中央正式批准潮梅闽西南党组织以武装斗争为中心恢复组织活动，并对潮汕、梅埔、闽南、闽西 4 个地区的工作进行了具体部署。党中央的指示，实际上肯定了潮梅闽西南党组织作出恢复组织活动，开展抗日武装斗争的决定和部署，明确地提出了今后的工作方针、策略和任务。5 月，中共梅县工作委员会成立，书记陈明，杨扬为组织部部长，黄戈平为宣传部部长。中共梅兴丰边工委成立，书记熊钦海。韩江纵队各支队成立后，立即开辟梅埔边游击根据地，将点连成线，以点线面结合，全面发展，被称作“降落伞”式的游击队。三支队以铜鼓嶂为中心，四支队以今梅江区的九龙嶂为中心，分别向周边展开，并向八乡山方向发展，打通与潮汕游击队的联系，梅县周边的抗日武装连成一片。

梅县党组织在李碧山领导下，通过恢复党组织，组建抗日游

击队的方法，在梅县周边各县建立了100多个游击活动区域，培养了一批坚强的党、政、军骨干，为粤东武装斗争的发展打下了坚实基础。1945年上半年，成立了抗日游击队韩江（梅埔）纵队，先后组建6个支队，发展武装300多人，在梅埔丰、饶和埔丰、梅兴丰、梅蕉杭武、埔永梅、梅兴平蕉边数百平方千米的山区农村，逐步建立了活动区。韩江纵队第三、四支队，在梅埔丰边明山嶂、铜鼓嶂、北山嶂、九龙嶂等周围开辟了220多个村庄的抗日游击活动区。与此同时，梅县党组织继续恢复发展扩大，将党的领导机关秘密转移到梅城，并通过东江纵队电台与中共中央取得联系，闽粤赣边党组织得到恢复和发展，党的活动由地下隐蔽走向地下斗争和武装斗争相结合的新阶段。7月，中共广东区委员会成立，任命李碧山为中共闽粤赣边特派员。8月，日本无条件投降，梅县党组织迎来了抗战的胜利。至12月，建立了中共梅县工委、梅埔丰边县工委、梅兴丰边县工委、梅蕉武埔边县工委等县级党组织和梅县学委、梅县民主学生联合会（简称“地下学联”）及附城等十几个区级党组织。同时，建立了小规模的人民武装，梅江区乃至整个梅州地区成为粤东地区的革命老区。

4

第四章

解放战争时期

第一节 隐蔽精干适时行动

一、贯彻隐蔽方针，坚持长期斗争

1945 年 8 月 15 日，日本政府宣布无条件投降，中国人民终于迎来抗日战争的最后胜利。抗日战争胜利后的梅县，同全国一样，面临着两条不同的道路。蒋介石坚持独裁和内战政策，中国的前途处在和平发展与内战再起的十字路口。1946 年 6 月，蒋介石撕毁双十协定，背信弃义，发动内战，密令国民党军队对共产党的军队继续进行大规模“围剿”。闽粤两省国民党当局秉承蒋介石旨意，不承认地方共产党组织和人民武装的合法地位，在梅县周边各县设立多个联防指挥所（第一联防指挥所设在梅县），负责联防区反共军事“清剿”。同时强化保甲制度，建立搜集共产党和人民武装情报网，对共产党领导的人民武装采取“围剿”追击，妄图消灭共产党和各地人民武装。

为了戳穿国民党蒋介石发动内战阴谋，根据中央《关于目前形势与任务的指示》精神，结合闽粤赣实际，李碧山在今梅江区铜鼓嶂沙窝里主持召开了中共梅县县委大会，大会确定了争取和平民主的具体斗争策略。面对国民党的“围剿”追击，中共梅县县委贯彻隐蔽方针，坚持斗争。同时，一方面加强党组织和党员干部保护工作，将党员干部骨干分散到农村、学校隐蔽起来，巩固党组织关系。中共梅县县委在梅城中华路源通号，元城路裕安祥、泰康路隆发米店设立了 10 多个党组织联络点。联络点的设立，对隐蔽时期党组织的巩固和发展发挥了重要作用。另一方面在巩固和分散武装人员基础上，将主要武装力量转移到今梅江区的西阳白宫，以铜鼓嶂、明山嶂、九龙嶂为中心建立隐蔽活动区，坚持长期斗争。

二、隐蔽力量，巩固游击根据地

1946 年 2 月，国共两党重庆谈判刚结束不久，国民党闽粤当局公然置双十协定于不顾，指令其设在梅县的第一联防指挥所和另一个联防指挥所，对共产党领导的革命活动区进行“清剿”，搜捕烧杀，对革命活动村的群众和革命家属进行残酷的摧残，放火烧山，捕捉堡垒户、接头户。梅县周边地域，一时风声鹤唳，地方党组织、游击队干部战士家属惨遭杀害，房屋被焚毁，田地被拍卖，家产全部被洗劫。面对敌人的嚣张气焰，中共闽粤赣中心县委遵照上级的指示，结合本地区的斗争实际，提出要冲破困难，要在严酷的斗争环境中求得生存和发展，要求各地党员干部按照隐蔽精干的策略，转化分散潜伏，以公开合法的身份，坚持地下斗争。各边县工委、地方武装工作队（简称“武工队”）深入到山区开展群众工作，建立隐蔽的活动区，巩固扩大游击活动区。4 月，中共梅县县委根据上级指示精神，结合实际，决定将中共梅埔丰边县工委改为梅埔丰边县委，书记何勇为，组织部部长刘健，宣传部部长刘富文。并提出“保留精干，实行分散发展，坚持已有阵地，疏散非军事干部，加强白区工作”的方针，要求坚决贯彻“隐蔽精干、长期埋伏、积蓄力量、等待时机”的指示。在各地实行分散、隐蔽、转化策略的同时，将党员和武工队队员一部分就地分散隐蔽，一部分转移到山区隐蔽。转移到明山嶂、铜山嶂等山区隐蔽的武装人员，组成若干生产小组，一边训练，一边从事烧木炭、做木屐、挖木瓢、做饭勺、编斗笠、编草鞋等生产，帮助群众解决疾苦，同群众建立鱼水之情。山里群众对入山的武装人员十分信赖，有的主动帮助将生产的产品分散运销出去，有的主动向武装队队员反映情况、敌情动态、散发传单、当掩护、做向导等，为巩固游击区发挥了重要作用。

三、组建武工队，扩大游击根据地

1947 年 2 月间，在特派员廖伟、副特派员黄戈平的领导下，中共梅县县委执行上级关于开展武装斗争的指示，采取一边巩固学校的斗争阵地，一边加紧成立武工队，扩大山区游击根据地。5 月上旬，根据上级开展游击战争的战略部署，各地委成立支队，各县委成立游击队、武工队的指示，陈明调回梅城任特派员，廖伟调入梅丰边山区建立游击根据地，组建边县党组织和武装队伍。陈明到任后，与副特派员黄戈平研究组建武工队和扩大游击区工作，当时梅县已建立 2 支区武工队，为了进一步扩大游击区，根据上级开展游击战争的战略部署，党组织决定调丙村区特派员王棉贤到梅城负责梅县的具体工作，李剑锋（区级副特派员）负责学生工作。王棉贤调梅城后，接管了梅城党组织关系和交通联络站，交通站由钟加作、陈满姑、刘达 3 人组成。钟加作从丙村调入梅城，租住在梅城文保路杨屋，以大中华皮靴店学徒身份作掩护；陈满姑在辅庭路租住神庙一间屋，以斋姐打扮为掩护；刘达在梅江桥下水打伯公其父亲小店，以补伞为掩护；3 人分别负责与梅蕉平、梅兴平、梅兴丰华、梅埔丰边山区游击区联络。在外围的联络点主要有芹菜洋的瑞姑家，梅南水美冯炳焕家，罗田径熊长生家等。李剑峰负责地下学联工作，通过地下学联、新青团组织团结进步青年学生，秘密传播全国的形势和梅县各地游击队胜利的消息，宣传党的政策主张，激发学生参加革命武装斗争的热情，将各校毕业学生输送到山区游击区，扩大游击区武装队伍，学校学生成为中共各根据地有生力量。

1947 年梅城党组织在王棉贤的领导下，积极动员进步青年参加游击队，扩大武装，同时配合粤东支队小分队，摧毁了梅城就近的区乡公所 2 座。王棉贤立即召集古克、李香中、陈温和等人开会研究，决定利用有利时机组建武工队，开辟游击区。陈温和等人在城东潮塘组建了武工队，后组建了区级平原武工队。游击区和武工队不断扩大，后来编入梅埔边游击队，整编后为闽粤赣边区人民解放军粤东支队独立第二大队（简称“独二大队”）。

梅城党组织在广大农村学校建立游击区外，还扩大以铜鼓嶂、明山嶂为中心的革命根据地，一年多时间，共恢复党员 140 多人，发展党员 80 多人。这些党员后来成为梅兴丰华（含梅江区）、梅兴平蕉（含梅江区）等边县区委以上的党和地方武装骨干。

第二节 开辟游击新区壮大武装力量

1947年6月，粤东支队和各县游击队陆续成立，拉开了闽粤赣边区游击战争的序幕。10月22日，广东省第六行政区保安司令部集中大埔、梅县两县6个保警中队，从今梅江区的白宫等地分四路向粤东支队所驻的三乡跟踪追击，妄图围歼粤东支队。梅县保警中队80多人孤军深入，刘永生、朱曼平等支队领导当即抓住战机，于28日率领粤东支队第一、二中队和梅埔边游击队、民兵，围堵敌兵，经过3天的激烈战斗，一举歼灭了号称梅县最强的保警第一中队，击退了白宫、丙村增援的保警2个中队，击毙保警副中队长以下12人，俘虏50多人，缴枪60多支，子弹2000多发。与此同时，梅县周边各游击队趁粤东支队歼敌得胜之机，发动群众，镇压反动分子，收缴枪支，在梅埔丰边纵横50千米地区内，国民党大部分区、乡政权被摧毁，保、甲组织随之瓦解，征兵、征粮、征税亦被废除。广大青年踊跃参军，部队迅速壮大。

是年粤东支队连同梅县各地方武装兵分3路，向梅兴丰华边、梅兴平蕉边、梅和埔兴边进发，吸引敌人再次对梅埔丰边进攻，帮助地方党组织发动群众，巩固老区，开辟新区，帮助建立游击队，提高战斗力。仅一个多月时间，粤东支队连同梅县各地方武工队配合出击19次，先后摧毁和消灭了梅县的龙文、罗衣、白宫等9个国民党乡公所及守备的反动武装，打开水车、官塘、长沙的3座粮仓分给群众度荒，建立了包括梅南、水车、长沙、水白、程江、扶大、白宫、西阳、东郊等梅县方圆近百千米，人口约20万人的游击根据地；粤东支队第三中队与梅西武工队、梅南武工队、畲江武工队、荷泗武工队、独三大队、独四大队、梅平武工队配合，先后出击摧毁了梅县周边区乡公所10多处敌据点，缴获枪支弹药一批，开辟了50多个大小游击区，建立了包括程江、城东、城北在内的梅县纵横100多千米，人口10余万人的游击新区；从1947年5月至1948年3月，经过10个月的转战，游击队摧毁了国民党60多个区乡基层政权，歼敌2000多人。同时，放手发动群众，反对“三征”①，开仓济困，建立农会、民兵组织，恢复和新建了一批游击支点，形成各边县委统一领导下的多层次的武装组织体系（独立大队、武工队、区中队、民兵），全县游击区的武装力量得到迅速发展。

一、建立农会、民兵组织

1948年，国民党设立闽粤赣边“剿匪总指挥部”，任命中将涂思宗为总指挥，福建省保警三团团长陈铨为副总指挥，少将张光前为高级参谋，把梅县等10个县划为“清剿区”，限令“剿总”下辖的两省保安团队10个县的自卫队总兵力1.1万多人，半年内“剿灭”闽粤赣边区人民武装。面对广东国民党军政当局策划的“围剿”，今梅江区辖内的地方党组织和武工队遵循上级“消灭地方反动武装越多越好，发动群众越普遍越好，开展游击战争越广泛越好”的指示。各地方武装的主力必须抢在敌人行动之前，配合各地党组织开展年关斗争，促进各游击区进一步巩固和发展，从而把斗争范围扩大，形成以农村包围城市的局面。2月，梅县党组织配合地方武装主力作战，遵照上级指示“一切为

① “三征”指征兵、征粮、征税。

着组织农会”“一切为着组织民兵”的精神，从宣传发动群众入手，在各村乡成立农会组织，对没有条件组织农会的地区，也应该有贫雇农为骨干的群众组织。坚持发动群众开展斗争与组织民兵相结合，通过收缴地方反动武装枪支武装农民，粉碎敌人的进攻，使农会真正成为政权的前身，民兵真正成为保卫家乡、保卫胜利果实、打击杀伤敌人、配合主力作战的力量。

农会在各区委的直接领导下，带领农民群众开展度荒斗争，帮助农民解决土地以及生产资料和困难农民群众生活问题。在武工队配合下，领导群众开展反“三征”和减租减息斗争。按上级规定，实行“二五”减租①给佃农，然后与田主对分，佃农得“六二五”，佃主得“三七五”②。某村的22户农民，一造总产229石，其中农民可得谷物144石（1石=100升，下同），而佃主只得85石，家家受益。减息一律采用年利加三的办法，借1石谷一年后还1.3石谷。对少数顽固不化，拒不执行减租减息的地主，农会在武工队配合下，发动群众，打起大旗，敲锣打鼓，土铁炮开路到其家中，强迫其低头认错，并开仓退租退息。

各地通过开展反“三征”和减租减息运动，广大农民得到实惠，自觉地团结在农会的周围，积极要求参加农会。农民有困难，找农会解决，农会组织成为有权威的群众组织，实质上起到了农村政权的作用，形成一切权利归农会的局面。随着各级农会的建立，农民参加民兵积极性也调动起来，收缴地方反动武装的武器武装民兵。民兵有了武器，协助武工队放哨、送情报、收缴国民党当局的枪支、没收地主财产，同时配合部队作战，巩固和发展游击根据地，保卫人民群众的利益。

---

① “二五”减租指按原租额减免25%。

② “六二五”指62.5%，“三七五”指37.5%。

二、做好统一战线工作，建立两面政权[①]

统一战线是中国共产党克敌制胜的三大法宝之一。梅县地方各级党组织高度重视统战工作，对国民党地方军政人员、开明绅士、华侨、失意军人等，开展广泛而深入细致的统战工作，让他们认清形势，站在人民的一边，为开展武装斗争创造了有利条件。

1946 年 2 月，中共梅县党组织指示各地武工队，认真做好上层人物和乡长、保长的统战工作，根据不同的对象，采取不同形式进行工作。对较开明的绅士，通过关系与其联系或直接上门，做好说服教育工作，使其为中共梅县党组织服务；对于必须控制的村庄乡、保长反动的，派武工队队员住到其家中，以党代表的身份，阐明中国共产党、人民军队对一般国民党乡、保长的态度和政策，动之以情晓以大义，表明“人不犯我，我不犯人，人若犯我，我必犯人”的严正立场。通过警告、教育，约法三章，使其中立或转化过来。同一时间，中共梅兴丰华边县委和独三大队（地方武装主力）把争取当地上层人物的支持与建立农村两面政权作为配合武装斗争的重要手段，争取归侨、开明绅士交出抗日自卫队保存的枪支、弹药、军用地图等，支援边县部队武装。通过与工商业家谈判，争取其同意每月认捐若干担（1 担 = 50 千克，下同）稻谷、金银、港币，指定时间、地点，如数交接，解决边县部队给养的困难。1948 年春，中共梅兴丰华边县委和独三大队争取和团结了龙文、大立、水美、龙岗、罗衣、柴榄等 10 多个乡、保长，对掩护党组织和革命斗争活动提供敌情，协助购买军需物资等，起到了积极作用。

中共梅埔丰边县委积极主动开展敌占区统战工作，建立两面

① 两面政权指实质上受共产党控制的国民党基层政权。

政权，控制局势，减少对群众摧残，配合边县开展各项斗争。银嶂武工队派出力量深入今梅江区的西阳白宫附近的平原地区，通过曾任嶂下村保长的卢海泉（武工队队员）到西阳各村保长家中做宣传教育工作，宣传党的政策和解放战争的大好形势，明山村的保长罗克明、岗子上的保长吴训香等不但不以中共党组织为敌，还帮助当地武工队搜集敌人情报。此外，做好当地上层士绅陈海珊、古质彬的工作，动员把私藏枪支交给武工队，并向武工队捐赠棉衣、雨伞、药品、电池、油盐等物资及黄金、港币给边县武装。中共梅县党组织遵照上级统一战线精神，在有条件的地方派出党员和进步群众，打入国民党的乡、保政权中，建立“白皮红心”的两面政权，派出共产党员熊培、叶明章担任梅南耕郑的保长、梅南罗衣（今属梅江区）的保长。建立“白皮红心”两面政权，把国民党基层政权控制在党的领导下，及时了解了敌人动向，减轻了武工队及群众负担，这些地区成为各级党组织和武工队的巩固阵地，对建立和巩固游击根据地发挥了重要作用。

第三节 粉碎国民党"清剿"

1948 年 3 月，国民党成立"闽粤边剿匪总指挥部"，中将涂思宗为总指挥，梅县在内的闽粤边区 10 个县为"清剿区"，制定"十字扫荡"计划，指挥反动军队向梅县周边苏区埔永梅、梅埔丰、梅兴丰华边游击根据地进攻。

4 月上旬，第六"清剿区"指挥副司令刘茂文，率领敌军 1000 多人，分 5 路对梅兴平边进行"扫荡"，梅县地方武装配合各边县武装主力，乘敌后方空虚，袭击敌人各地乡公所，以牵制敌人。4 月 13 日，涂思宗集中闽粤边保安团队 10 个连约 1000 兵力，分 6 路进犯各边县，第 2 路梁国材率梅县自卫队从白宫向三乡进犯。西阳武工队配合刘永生支队两个中队在水口伏击，大败福建保三团，毙伤敌副营长以下官兵 40 余名，敌逃散 60 余名，缴枪 10 余支，弹药 4 箱，营长薛筱青落荒逃命，其余各路敌军闻枪声中途折回。17 日晨，独一、独二、独八 3 个大队 400 多人，在西阳 8 个武工队及民兵 1000 多人配合下，突出奇兵，一举攻克丙村镇。

5 月下旬，国民党粤保十二团驻梅城三板桥 1 个连、梅县自卫总队罗梓良中队，从梅城长沙出发，沿梅江而上，粤保独九营驻水车的 1 个连、畲坑自卫队李国辉部、畲坑警察所，从畲坑沿梅江而下，总兵力 500 人，企图上下合击梅南游击区（含梅江区）。独三大队事先掌握敌人进攻路线，集中梅南区中队，南坑、黄礤民兵200多人在栗畲肚设伏击，部队在大队长陈德念、副政委肖刚的指挥下，居高临下，痛击敌人。

6月2日，梁国材率自卫总队和保十二团一部经今梅江区的西阳白宫进抵三乡黄凹，蓝某营队进抵三乡的黄沙，被独二大队阻击，不敢轻进。3日，方某营队直驱三乡的马头山麓，粤东支队将其伏击挫败，毙伤俘敌60多人，缴获重机一挺，长短枪20余支。涂思宗大举“扫荡”开始，粤东各县50多支武工队共七八百人，发动群众，袭扰敌人，配合作战。各边县人民武装贯彻地委、支队关于“相机分散兵力，灵活斗争”的指示，积极捕捉战机，主动出击，配合粤东支队主力的反“扫荡”战斗，挫败了涂思宗部“十字扫荡”计划。

6月下旬，涂思宗又策划“分区驻剿”的诡计，在军事上采取所谓“固守据点而截匪，机动搜剿而歼匪，联保联坐而灭匪”的策略，并在各地扶植反动势力，恢复区、乡公所和自卫队，修筑炮楼、举办团防等。

7月，今梅江区辖内的地方武装和民兵，积极配合刘永生粤东支队，采用围点打援的办法粉碎敌人“分区驻剿”，以主力大部队伏击，毙、伤、俘敌近200名，缴枪60多支。与此同时，独二大队（游击在梅城的主力部队）在杨扬率领下，与雁洋武工队和民兵配合，捕捉敌地步哨12处。独三大队会同畲江中队和部分民兵，伏击打退分批轮番向梅南山区南坑、顺里、呈石等地“进剿”的粤保十二团，梅县自卫总队罗梓良部和畲江警察队共300多人。各边县独立大队和武工队主动出击袭扰敌人，破坏敌人的交通补给线，使“驻剿”敌军行动受到极大的限制。

8月，涂思宗被撤职，由喻英奇接任闽粤边的“清剿”司令。9月下旬，发动第二轮“清剿”。28日，独三大队在长沙陈公坪休整，梅县自卫总队罗梓良部及联防队约300人，再次进犯梅南游击区，独三大队抢登山头进行反击，将敌击退。次日，敌人卷土重来，独三大队在九凉殿与敌遭遇，激战 3 小时，将敌击溃，毙敌 5 人，俘敌 10 人，缴获长枪 10 多支和弹药一批。与此同时，梅南区中队（梅城的主力部队）分头出击，摧毁官塘穿风坳两处联防自卫队，缴获短枪 10 多支和弹药一批。12 月，在中共梅兴丰华边县委策反下，梅县县警中队中队长林国英偕夫人胡贤英携带驳壳枪 1 支，左轮 1 支、手榴弹 2 枚，弃暗投明，投奔梅南游击区，受到边县委、独三大队和军民的欢迎。各边县独立大队和武工队发挥灵活机动的游击战略战术，挫败了国民党“十字扫荡”计划，粤东支队在闽粤边独立大队和武工队配合下，作战数百次，歼敌 2100 多人，国民党闽粤“剿总”发动“分区驻剿”的计划破产，边区游击队在反“清剿”斗争中不断发展壮大。

一、粤东支队第九武工队在泮坑

1948 年春节将至，中共梅兴丰华边县委成员陈华等路过今梅江区三角镇的泮坑，向泮坑农村党员古彩英、肖美玲等传达中共粤东地委“开展梅城水白平原游击战”的决定。春节过后，中共梅兴丰华边县委宣传部部长杨山等，带着中共粤东地委“组织平原游击队直接打击粤东反动中心梅县城”的指示，在泮坑找到古彩英、肖美玲等，商量在水白平原开展游击战的问题。经过摸清泮坑的情况，分析了有利条件，他们决定以泮坑为根据地，组成平原游击队（第九武工队），逐步向水白平原发展，包围梅城的反动势力。平原游击队印鉴是第九武工队，武工队员和群众习惯称为“九武”，其称谓沿用至梅县解放。

“九武”成立后，分为城东与水白两个组。1948 年 8 月，武装斗争形势加剧，中共粤东地委委托地委成员陈明带着地委的指示与中共梅兴丰华边县委具体研究，决定以梅河为界，河东组成城东武工队，温再生为队长，河南组成水白武工队，杨山为队长。因杨山同时负责中共梅兴丰华边县委与梅县国统区的整顿工作，决定由李理章担任水白武工队队长，侯海英为指导员。城东武工队与梅兴平蕉边县的石扇武工队合并，水白武工队由梅兴丰华边县委直接领导。中共粤东地委指示，“九武”的任务是，巩固老区，开辟新区，建立根据地；集中全力解决“人、钱、枪”；发动宣传攻势，推行减租减息，相机牵制梅城反动势力向根据地的进攻。

1. 巩固老区，开辟新区，建立根据地。按照地委“建立平原游击队必须以当地干部和革命群众为基础，充分使用他们与当地有千丝万缕的社会关系而利于开展工作”的指示精神，“九武”陆续从外地调回水白的党员，要求入队的群众留在当地为不脱产的队员。至 1948 年 6 月，“九武”从外地调回泮坑籍党员 10 余人。至 1949 年 6 月，入队的泮坑籍人数 30 人。“九武”为开辟新的根据地，除以桃树下为交通联络点外，同时建立坪上陈达新处、田心田伯姆处、下角熊集宏处、透水塘陈达我处、榨坑口李伦华处交通联络点。半年时间，泮坑的联络点扩展到龙子树窝、梁屋山下、圣人寨、桥头、马鞍山，将偏远的清凉山区的高观音、青草湖、紫树坳、花树下、豺狗洞、猴麻坑、旧村建成游击队集训、休整根据地，从梯子石、天子岃、荷树岗、九口塘进出清凉山区通道建成地委、县委、支队进出根据地通道。

2. 发展壮大革命队伍。1948 年秋，在“九武”队员的努力下，熊氏在三公祠祖堂交出抗日自卫时的步枪 10 余支和粮食 10 余石。熊孟修交出“六轮仔”手枪 1 支，并保证在山下绝不发生破坏革命根据地的行动。

3. 发动宣传攻势，推行减租减息，牵制敌人。“九武”早期以榨坑口李伦华家为刻印机关，印刷大量文件、宣传品，从水白平原向梅城散发、张贴，宣传中国人民解放军及粤东武装革命斗争的胜利消息，向国民党军宣传中共对待投降起义、被俘人员的政策和减租减息的政策。

1948 年 8 月，泮坑首先推行减租减息，得到社会各界人士的支持。“九武”突袭白土乡公所时，将田粮赋税册籍全部烧毁，国民党反动派失去了收租税的依据，泮坑减租减息受到水白平原广大群众欢迎。

1949 年，“九武”奉命筹建中共梅县水白区委员会和水白区人民政府，扩大武装，组成水白区中队，“九武”队伍迅速扩大，大部分泮坑青年成了“九武”的队员或干部。5 月，“九武”奉命参加梅城接管工作，杨山带领“九武”进驻梅城中山街中国银行，积极向群众宣传党的政策、工商业政策和全国解放大好形势等。5 月下旬，中共水白区委员会正式成立，熊海琴任书记。同时成立水白区人民民主政府，张和昌任区长，古彩英任副区长，熊海琴为指导员。“九武”大部分队员成为水白区委、区政府成员，部分队员调入中共梅县县委工作。7 月，国民党胡琏兵团窜入梅县，水白区委、区政府撤至清凉山游击根据地。后解放军大军南下追击胡琏兵团，窜入梅县的胡琏兵团逃往金门，水白区委、区政府机关复转梅城正常工作。

二、独三、独四大队在长沙之战

1948 年 4 月，闽粤赣边区人民解放军粤东支队独立第三大队（简称“独三大队”）抽调刘浪等 20 名骨干组成战斗小分队，在今梅江区长沙罗衣石鼓大王至水车虎头潭梅江水运地带与来往征税的货运船及武装护航的国民党军进行激烈战斗，全歼敌军。独三大队队员黄荣新、叶习忠在战斗中光荣牺牲。6 月，马营一部和罗梓良自卫队袭击在长沙罗衣塔附近进行征粮的梅南区中队游击队员，独三大队得知后迅速前往，反击敌军，在梅南的武装队伍配合下，独三大队在罗衣塔下与马营黄连展开激战，敌军败退，向新塘方向逃窜，独四大队将其截获，击毙敌排长以下敌军4人，缴获长短枪4支。

9月20日，独三大队和梅南区中队10多名伤员留在长沙埕石山区的火混棚疗伤，突遭敌保安团及罗梓良自卫队包围袭击，独三大队战士叶锦超英勇奋战，掩护伤员冲出包围，毙敌2人，叶锦超因弹尽牺牲，突围战斗中伤病员牺牲3人。28日，独三大队在陈公坪宿营，遭到保十二团第一营第二连、保警独九营1个连和罗梓良的自卫队偷袭，被哨兵发现，独三大队登山反击，战斗2个多小时，副政委陈锦城指挥战士冲锋时中弹牺牲。敌保安团人多火力猛，撤退中独三大队战士罗亚松、钟亚欢光荣牺牲。

1949年3月15日，为配合解放军南下，中国人民解放军闽粤赣边纵队（简称“闽粤赣边纵队”）计划扫荡长沙守敌，独三大队主攻长沙敌自卫队炮楼，大获全胜。接着进攻敌驻长沙民房永华楼的警察所，敌军闭门死守，独三大队决定施用火攻，敌军无法抵抗，开门投降，俘敌官兵30多人，缴枪30余支。驻在大同学校的保安十二团黄连发觉后企图逃走，被闽粤赣边纵队围攻击溃，闽粤赣边纵队集中400多人包围长沙圩，全歼守敌。

三、银嶂武工队成立与主要活动

1948年2月，银（江）嶂（下）武工队成立，队长廖政，是中共梅埔边县委领导的一支武装工作队。管辖地区由大埔龙颈凹（银内乡）至梅县西阳乡，纵深三十多千米的地区。银嶂武工队成立后，在游击区各村成立农会和民兵组织，先后成立了嶂下村（今属梅江区）的农会和民兵组织，银江葛滕坪、胜坑、坪上等地的农会。嶂下村的农会和民兵组织成立后，采取生产自救度过荒月，组织民兵上山，做枋子（木材加工），一边生产，一边训练，劳武结合，平时生产，敌人来了马上拿起枪杆打敌人。3 月下旬，敌“剿总”总务处的陈英杏率部 1000 余人占领蕉岭北礤、梅县松源等后，张光前率领方景韩营（简称“方营”）窜扰三乡，西阳当局自卫队也开往三乡准备趁机打劫。经过嶂下马凹坜时，嶂下村民兵在黄凹村民兵的配合下，击退西阳当局自卫队，旗开得胜，敌人狼狈逃窜。8 月，中共梅埔丰边县委成立后，嶂下民兵改称西阳武工队。

武工队在山区根据地发展农会和民兵组织的同时，派出部分队员到国统区的西阳、白宫，除了向各阶层人士口头宣传共产党的政策和全国形势外，还经常到白宫街头贴传单布告等。时任嶂下村保长卢海泉在武工队动员下参加了武工队，武工队通过卢海泉到西阳乡各村保长家中做宣传教育工作，宣传党的政策，让他们觉悟过来，投靠共产党，成为“白皮红心”的两面政权。明山村的保长罗克明，敌人要他带路入山袭击武工队，他想办法叫人通知武工队，使武工队有了防备，未造成损失。武工队还通过岗子上的保长吴训香向白宫自卫队队长吴耀春做思想工作，吴耀春表示在国民党只是混一碗饭吃，不是死心塌地反共，吴耀春与廖政见面后，主动送子弹给武工队。各村保长还主动出面，动员村民，把藏起来的枪支缴交共产党。武工队对当地上层士绅陈海珊、古质彬和华侨等认真做好统战工作，让他们能主动募捐棉衣、雨伞、药品、电池等物资以及黄金、港币等支援主力部队。

1948 年秋后，武工队在队长廖政领导下，在今梅江区西阳白宫一带开展宣传活动时，为了对付敌人向梅埔丰、丰北游击区“进剿”，武工队决定夜袭白宫炮楼，以牵制敌人向山区的进攻。武工队和明山嶂下民兵在炮台周围一边打枪、一边喊话，开展宣传，要敌人放下武器，向人民投降，使敌人不敢随便出来袭击武工队。同时积极动员青年参军参战，配合部队作战，为主力部队打扫战场，接收救护伤病员等。积极宣传反“三征”，保护老百姓抗租抗地税，破坏敌人的交通和通信，挫伤敌军的锐气。西阳武工队在游击区与老百姓打成一片，深得群众拥护，队伍不断发展壮大。

1949 年 5 月中旬，国民党广东省保十二团决定起义，双方秘密进行会谈，谈判地点在白宫圩旁边的喜庐，中共代表王维、张其耀，警卫员杨雪平、黄辉，国民党代表魏汉新，民主人士杨帆为中间代表，双方确定保十二团起义和解放军接收梅县的日期等事宜。为预防万一，张其耀指示武工队队员在公路警戒，做好安全保卫工作。独三大队（后称五团）由三乡凹下行军接收梅县，沿途由西阳武工队负责向导及组织群众迎接部队。梅县和平解放后，西阳武工队与中共梅兴丰华边县委领导的丰北武工队合并，成立西阳区委和区政府。

第四节　全面出击，解放梅县

1948 年 11 月，全国三大战役已进入最后胜利阶段。为适应解放战争迅速发展需要，1949 年 1 月 29 日闽粤赣边区党委在大埔县光德乡漳溪村召开庆祝中国人民解放军闽粤赣边纵队的成立大会，宣布中央军委命令，任命刘永生为司令员，魏金水为政治委员，铁坚为副司令员兼参谋长。闽粤赣边纵队成立后，根据边区党委的部署，在中共梅州地委领导下，开展了声势浩大的春季攻势，配合各边县独立大队、各区武工队和民兵全面出击，拔除敌人据点。1949 年 3 月 11 日，刘永生、铁坚率闽粤赣边纵队直属第一团在中共梅兴丰华边县委和独三大队、江区中队配合下，经过 2 个小时的激烈战斗，一举攻克畲江，并击退长沙、水车增援之敌。15 日，独三大队和梅南区中队配合闽粤赣边纵队直属一团，攻打长沙圩，全歼长沙驻敌，摧毁警察所、乡公所、自卫队，共俘敌 30 多人，缴获长短枪 30 多支。在此前后，独四大队、独六大队、闽粤赣边纵队一支队二团、中共梅蕉杭武边县委、独七大队、海洋大队、松源武工队以及各区武工队，摧毁了梅县（含梅江区）敌人重建的 5 个乡公所、自卫队。4 月 9 日，在中共梅兴丰华边（含梅江区）县委策反下，中队长梁伟君率所属全体官兵 38 人，携带长短枪 38 支和弹药等起义，投奔梅南游击根据地，受到边县军民的欢迎。4 月中旬，西阳自卫队看到了水白自卫队梁伟君率队起义，国民党崩溃在即，认识到了形势对自卫队非常不利，为了留后路和应付国民党，在西阳乡乡长吴云仿的沟通下，同武工队订立了约定，并组织起义。

5 月，闽粤赣边区国民党军政人员，连续受到边区解放军的沉重打击，迫于南下大军压境的形势，遂在共产党政策的感召下，纷纷起义投诚。14 日，梅州专区专员李洁之、保安十三团团长曾天节、保安十二团团长魏汉新等通电起义。梅县宣告和平解放。22 日，闽粤赣边纵队一支队，第五团和新成立的军事管制委员会（简称“军管会”）正式入城接管，宣布县人民政府成立，县长陈仲平、副县长张其耀、陈柏麟，军管会主任由闽粤赣边纵队一支队司令员郑金旺兼任。1949 年 6 月，新生的人民民主政权正式成立，中共梅县县委机关设在梅城南门原国民党县党部所在地，县委书记刘健，县长王志安。

第五节 胡琏兵窜扰梅县，解放军巧妙截击

梅县解放不久，胡琏残部在人民解放军南下部队的追击下向南逃窜。根据上级情报，胡琏抢夺寻乌后，有可能入侵平远、梅县。华南分局和边区党委召开紧急会议，分析敌情，作出截击逃敌，迎接大军南下的部署。会议认为胡琏残部虽装备较好、兵员不少，但多是沿途被抓来的新兵，乌合之众，战斗力不强，窜扰潮梅的目的是作最后挣扎与掠夺，打通从潮汕窜逃出海的通道。当时梅县各地兵力分散，闽粤赣边纵队主力在潮汕作战，第一支队北上接管武平，一时不易调回，梅县内只有第五团一个团的兵力。1949 年 7 月 4 日，为了巧妙截击胡琏兵，中共梅县县委召集梅城各机关单位开会，紧急动员作暂时撤离的准备。华南分局、边区党委、华南文工团、梅州公学、区党委财经训练班、大众报社、人民报社的大部分人员当日下午和晚上撤离、疏散。地委机关后勤人员由组织部部长何勇为率领向白渡、嵩山、高思方向疏散，留下廖伟和谢毕真协助中共梅县县委部署打击敌人，最后撤退。5 日，廖伟坐吉普车赶到兴宁与县委研究部署阻击敌人和做好撤退准备，下午回到地委驻地程江桥背的济园，晚上与中共梅县县委通电话，要求独立五团明早开赴曾龙岃设伏打击敌人。谢毕真与廖伟骑自行车赶到中共梅县县委召开紧急会议，县委书记刘健、副书记杨扬和第五团政委陈学、团长陈德念（又名陈光）参加了会议，研究部署，部队立即开往城北阻击敌人。会议刚结

束，上午9时左右，街头传来有特务捣乱的消息，城西北响起重机枪声。谢毕真和县委书记刘健、副书记杨扬及县警卫班准备撤退，从小巷走到义化路口时（今梅江区政府门口）响起密集的枪声。第五团正要上车开往城北，发现敌人化装的先头部队已到政府门口，在团长陈德念和政委陈学的指挥下，与敌人展开了激战，敌人几次冲过来，都被英勇的五团打退，县政府工作人员得以安全撤退。县委机关工作人员从凌风东路向梅江桥撤退，谢毕真跳上地委财经委员会的一部大卡车上，指挥司机向梅江桥开去。凌风东路店铺楼上，时有潜入的便衣特务向汽车开枪。汽车驶过梅江桥，向水白方向开去，其时梅江桥已被化装戴红星帽的敌便衣控制。李丹从报社步行通过梅江桥头，被敌人打中两枪，倒在地上。李丹还以为是自己人，指着证章说是报社的。敌人又打一枪，幸好3枪都未中要害。直到有一位战士经过桥头发现，扶起李丹，隐蔽在桥头横街上，后转移到安全地点。

县委机关工作人员和警卫班及县政府部分人员，在第五团的掩护下安全撤离并通过梅江桥。谢毕真和县委人员撤到水白后，杨山立即召开水白区政府会议，研究决定将水白区政府工作人员分组，一组化装进城打听情况，遇到被冲散撤出的干部和战士，通知其立即到泮坑集中待命；一组设法与程江桥背撤退的廖伟联系。午前派出去的人员回来后，得悉梅城已被胡琏残部占据，第五团由陈学、陈德念率领向东较场、张家围方向撤退，和平解放一个多月的梅城暂被胡琏兵团侵占。午后，廖伟带着从潮梅人民行政委员会撤回的警卫排200多人经乖子渡到达水白，当晚宿泮坑。地委、县委负责人召开紧急会议，主要讨论队伍撤出后的行动方向和驻地的安全问题。7月7日，县委全体机关工作人员撤到清凉山秀村。8日晚，由廖伟主持，谢毕真、刘健、杨山、杨扬等中共梅州地委、梅县县委领导参加的地委、县委负责人会议在秀村召开，研究撤出梅城返回山区后的工作。为更有效地打击敌人，中共梅州地委决定，保留各县建制，恢复战时各边县领导体系，以利独立自主组织发动广大军民开展抗击胡琏兵团的游击战争。梅县党政机关干部兵分两路，一路到梅埔丰边，县委机关设在梅埔丰，由县委书记刘健和副书记杨扬等负责；一路在梅兴丰华边，设立中共梅县县委梅南分委，由杨山任分委书记，和陈华、陈学、叶明章等负责。

梅城被胡琏兵团侵占后，中共梅县县委梅南分委所属人员在秀村住了两天，决定把队伍拉到樟坑休整数天，从城东撤出的人员以及陈学、陈德念率领的队伍陆续来到樟坑集中。根据秀村会议精神，梅南分委结合实际，以原各区政府干部为基础，组成“政武合一”的武工队，既是基层政权，又是武装游击队，分散活动，就地坚持斗争，见机打击敌人。分委机关地点和交通站设在呈石村，县委分工由陈华负责指导丰北、西阳区工作，叶明章负责梅南、荷泗大区工作，陈学负责五团军事工作兼畲坑区工作，杨山留驻分委机关负责全面工作兼管水白区工作。胡琏残军窜扰梅县期间，为便于抢掠，不但将地方反动势力和土匪纠集起来，拼凑了所谓“陆军第二预备军团”，柯远芬兼任军团长。同时还恢复了各级伪政权，柯远芬兼任“九区专员”和敌梅县县长，将梅县重新划分为8个区，每个区驻兵1个营，敌区长由营长以上军官担任。胡琏残军训练保安营和后备大队，强拉壮丁，烧杀抢掠，奸淫妇女。据不完全统计，在胡琏窜扰梅县两个多月期间，全县被拉壮丁数百名，被强征汽车50多辆，民船一批，抢大米近2000石，光洋（即银元）数万元，港币及其他贵重物品一大批，家禽牲畜、蔬菜等不计其数。

面对敌人的暂时的军事优势和疯狂掠夺，梅县广大军民在县委、县政府的领导下，密切配合闽粤赣边纵队主力和第一支队，积极开展游击战争，袭扰敌人驻地，镇压与敌人接头的反动分子，捕捉敌人的侦察和后方人员，消灭敌人抓丁抢粮的队伍，取得了一连串的胜利。

1949 年 8 月下旬，窜占梅城的胡琏军，害怕被南下解放大军歼灭，逐步南撤，其后卫部队向松口、畲坑集结，梅城一时成了空城。梅南分委决定把机关迁到罗衣，先派水白武工队进城侦察情况，洞悉敌情后，水白武工队在三角地突袭胡琏后卫部队，五团和梅南武工队在新陂嶂下沿南坑路上截击逃跑的胡琏兵，给予狠狠的打击。其中有一小股胡琏兵溃退至西阳北联村渡口时，遭武工队打击后逃窜到西阳圩圣母宫。中共西阳区委获得情报后，配合闽粤赣边纵队二团夜袭圣母宫，投掷 10 多颗手榴弹，炸得胡琏兵星夜逃窜。8 月下旬，地委通知中共梅县县委做进城准备，地委机关于9 月2 日下午从桃尧黄沙迁回梅城。9 月6 日，梅埔丰边的县委机关与梅南分委机关人员在梅城会合，县委机关驻城东张家围，后搬进法院旧址。县委重返梅城后，第一次在县政府会议室召开县委会议，会议由县委书记刘健主持，参加会议的有王志安、杨山、陈华、杨扬、陈学、叶明章、范伟青、杨林等人，地委何勇为莅临指导。会议主要内容是研究组织群众支援闽粤赣边纵队追歼畲坑、松口之敌和解放潮汕等问题，县委根据地委的要求，在粮食、交通车辆（包括自行车）等方面给予支援。

县委机关重返梅城后，梅城成为梅县县委、县政府所在地，人民当家作主，向建设新中国的伟大时代迈进。

5

第五章

新中国建设时期

第一节 梅县党组织机构沿革

中华人民共和国成立后，中国共产党成为执政党，随着党的历史地位变化，党也面临着新的考验。共产党员在巩固新政权、建设新政权工作中，始终走在前列，为党和人民的革命事业发挥先锋模范作用。1950 年 4 月 20 日，中共梅县党组织正式向社会公告，梅县共有支部 72 个，其中机关支部 47 个、学校支部 2 个、农村支部 22 个、工人支部 1 个；党员 538 人，其中男党员 426 人，女党员 112 人。1950 年 5 月 1 日，中共中央发出《关于在全党全军开展整风运动的指示》，7 月 21 日—8 月 8 日，中共梅县县委举办为期 19 天的整风学习班，参加学习的各级主要干部 125 人，其中党员 103 人，团员 7 人，非党团员 15 人。整风运动，重点是整顿官僚主义和命令主义，通过整风学习班学习，提高党员、干部的思想政治水平，改善干部中存在骄傲自满、官僚主义、命令主义的作风，进一步密切党同人民群众的关系，提高党的执政能力，保持无产阶级政党本色。1951 年 2 月，中共中央发出《中共中央政治局扩大会议决议要点》，决定用 3 年时间进行整党，进一步提高全党的政治素质，纯洁党的组织。在 3 月 28 日—4 月 9 日召开的中共第一次全国组织工作会议，通过《关于整顿党的基层组织的决议》和《关于发展新党员的决议》，据此，梅县党组织适时开展整党运动，1953 年 5 月 22 日—6 月 12 日，中共梅县直属机关总支整党运动中，参加党员人数 184 人，其中区级党员

76 人、县级党员 3 人。整党运动开除党籍 2 人，警告处分 4 人，退党 2 人，取消候补期 6 人，限期转正 3 人，转正 4 人，重新入党 3 人，恢复党籍 3 人。通过整党，新政权中党的基层组织得到进一步巩固发展。

1954 年，梅县各级党组织结合贯彻党在过渡时期的总路线和农业合作化运动，发展一批新党员，至 1956 年，全县建立区委 15 个、总支 1 个、支部 342 个，党员 5123 人。召开中共梅县第一次党代表大会，选举产生中共梅县第一届委员会。1956 年，中共粤东区委撤销，分设中共惠阳地委和中共汕头地委，中共梅县县委隶属中共汕头地委。

1957 年下半年至 1958 年上半年，开展整风运动和“反地方主义”“反右派”斗争。1957 年 9 月，梅县实现人民公社化，11 月，撤销基层乡党委建制，全县成立 11 个人民公社，正式任命各人民公社社长、副社长，实行“政社合一”的人民公社体制。12 月，梅县与蕉岭县合并，中共梅县县委与蕉岭县委合并后称中共梅县县委。1961 年 3 月，蕉岭从梅县分出。10 月，召开中共梅县第二次党代表大会，选举产生中共梅县第二届委员会和监察委员会，建立基层委员会 45 个、总支 31 个、支部 915 个。1961 年，全县有党员 10014 人，比 1958 年增加 1059 人。

1965 年 6 月，梅县从汕头专区分出设立梅县专区，辖梅县、兴宁、五华、平远、蕉岭、大埔、丰顺 7 个县。7 月，梅县农村开展“大四清”[①] 运动，运动后期，各级党组织进行党员登记，同时发展一批党员。据统计，全县有总支 20 个、支部 1227 个，党员 10267 人。

1966 年 5 月 16 日，“文化大革命”开始。梅县各级党组织受

① “大四清”指清思想、清政治、清组织、清经济。

到严重冲击，党政机关处于瘫痪或半瘫痪状态。1968 年 3 月，成立各级革命委员会一元化领导。1969 年 2 月，成立中共梅县核心领导小组，由军代表、梅县人民武装部政委张惠群任组长，事实上取代了县委的工作。1971 年 2 月，召开中共梅县第三次代表大会，撤销中共梅县核心领导小组，恢复中共梅县县委。

1975 年 8 月，梅县梅城镇改为梅州镇（今梅江区），相应成立中共梅州镇委员会，下辖东、西、中区 3 个街道办事处及东郊、西郊、江南 3 个公社党委。1976 年全县建立基层委员会 38 个、总支 17 个、支部 914 个，党员 21518 人。

1976 年 10 月，“文化大革命”宣告结束。1978 年 12 月中共十一届三中全会召开后，梅县各级党组织以经济建设为中心，加强党的思想建设和组织建设。1979 年 3 月，梅州镇由梅县分离，升格为县级的梅州市，相应成立中共梅州市委员会，中共梅县县委和中共梅州市委均隶属中共梅县地委，共辖基层党委 41 个、党组 16 个、总支 32 个、支部 1155 个，党员 23223 人。

从新中国成立至 1966 年先后由刘健、何勇为、梁诚、余踪、黄清波、杨扬、孙敬业、张正甫、李静阳担（兼）任县委第一书记职务。从 1967 年至 1988 年县区分设先后由苏平、张惠群、车百行、刘善巨、周刚、徐烈、罗汉明、谢强华担任县委书记职务。

第二节　新政权建设

一、政府机构建立

1949 年 5 月 17 日，梅城和平解放，梅县军事管制委员会接管梅城后，6 月 12 日，陈仲平兼任梅县人民民主政府首任县长，张其耀、陈柏麟任副县长。7 月，陈仲平、张其耀、陈柏麟奉命调离梅县，上级委派王志安担任梅县县长。此后，有赖运如、黄清波、杨扬、任庆然、陈坚、叶芬（女）、宋金英、徐锦衣、杨洪、黄文担任梅县人民委员会县长职务（1955 年前称县人民政府）。

1950 年—1953 年 5 月，中共梅县县委先后召开第一至四届人民代表会议。

1954 年 6 月 28 日—7 月 5 日，梅县第一届人民代表大会第一次会议在梅城举行，参会代表 350 人。大会选举产生出席广东省第一届人民代表大会代表有叶剑英、廖良、秦元邦、廖嗣兴、曾汉荣、梁秀珍、吴德淦、汪叶舒、邓颂如 9 人。

1955 年 6 月 24—26 日，梅县举行第一届人民代表大会第二次会议，会议选举产生县长任庆然。

1957 年 1 月 22—27 日，梅县举行第二届人民代表大会第一次会议，会议选举产生了梅县第二届人民委员会，县长叶芬（女）。

1958 年 5 月 15—17 日，梅县举行第三届人民代表大会第一次会议，会议选举产生了梅县第三届人民委员会，县长宋金英；1958年12月蕉岭、梅县合县后称梅县，上级任命县长徐锦衣。

1960年12月24—26日，梅县举行第四届人民代表大会第一次会议，大会选举产生了梅县第四届人民委员会，县长宋金英。

1963年9月18—20日，梅县举行第五届人民代表大会第一次会议，会议选举产生了梅县第五届人民委员会，县长杨洪。

梅县人民委员会从中华人民共和国成立后至1965年6月，先后隶属兴梅专署、粤东区行政公署、汕头专署领导；1965年6月后，隶属梅县专员公署领导，梅县人民委员会沿袭至“文化大革命”，期间被“夺权”成立革命委员会。

1956年10月前，区设区公所，区公所下辖乡（小乡）、村（村高级社、初级社为基层经济组织）；1958年11月后，改称人民公社管理委员会，公社下辖大队，大队以下为生产队，沿袭至“文化大革命”期间，先后被公社革命委员会、大队革命委员会取代。

二、群团组织与统战工作机制的建立

在党组织建设和政权建设稳步推进的同时，中共梅县县委通过做好群团工作和统一战线工作，扩大党的群众基础，巩固党的执政地位。1949年10月，中共梅县县委成立梅县工人工作委员会，筹备成立县总工会，12月21日，正式成立梅县县总工会，至1963年先后召开9次工会代表大会，会员人数达11657人，胡连山任县总工会主任（主席），丘璋、廖曾、刘达、饶清华任副主席。1950年6月9日至12日，梅县在梅城召开第一次农民代表大会，建立梅县农民协会，大会选举产生委员31人，组成梅县农民协会第一届委员会，县委书记何勇为兼任农会主任（主席）。梅县10个区、41个乡、494个村相应成立区、乡村农会，由区、乡、村党组织的主要负责人担任农会主任（主席）。梅县各级农会组织积极配合政府清匪反霸、镇压反革命、开展农村土改，在农村开展互助合作运动，建立农业生产互助组等，发挥了重要作用。

1949 年 11 月，梅县建立中国新民主主义青年团梅县工作委员会（简称“团县工委”），李理章任书记。1953 年 5 月，召开青年团梅县第一次代表大会，团县工委改称团县委，同时选举产生青年团梅县委员会，肖继光任书记。至“文化大革命”前青年团梅县委员会共召开四届代表大会，先后由肖继光、张彦（二、三届）、李捷文担任团县委书记。

1949 年 10 月，中共梅县县委成立妇女工作委员会，侯海英、谢枫先后任书记。1950 年 6 月 14—16 日，第一次梅县妇代会在梅城召开，正式成立梅县民主妇女联合会（简称“县妇联”），谢枫任第一届县妇联主席（主任）。1953 年 5 月、1962 年 1 月召开梅县第二次、第三次妇代会，叶芬（兼）、古彩英分别任二、三届县妇联主席（主任）。

1954 年 11 月，中共梅县县委积极团结各民主党派、无党派民主人士、各人民团体、爱国人士组成爱国统一战线，筹建中国人民政治协商会议广东省梅县委员会（简称“梅县政协”）。1955 年 8 月 23—28 日，政协梅县第一届委员会第一次会议在梅城召开，选举产生梅县政协第一届常务委员会，黄清波任主席。1958 年 10 月 2—3 日，召开政协第二届委员会会议，选举赵宪章任主席。1961 年 2 月 25—28 日，召开第三届委员会会议，选举张正甫任主席。1963 年 9 月 18—20 日，召开第四届委员会会议，选举张正甫任主席。梅县政协成立后，发挥统一战线的重要作用，团结各阶层人士，推动社会力量，为顺利完成社会主义三大改造作出特殊贡献。

第三节 清匪反霸与土地改革

一、清匪反霸

中华人民共和国成立初期，兴梅地区残余土匪、蒋军特务内外互相勾结，成为社会不安定因素。梅县人民积极配合中国人民解放军进行剿匪斗争，全面进剿股匪，重点驻剿顽匪，依靠群众清匪，历时3年。梅城破获美国天主教会主教福尔德间谍案，消灭卢燕基、李琥、王际春、陈韶任等匪特组织17个。至1952年，兴梅地区剿匪基本结束。

1950年3月，中共中央发出《关于严厉镇压反革命分子的指示》，1950年5月，梅县进行以镇压反革命为主要内容的巩固基层人民政权的运动，第一次镇压反革命运动（简称“镇反运动”）重点解决镇反不彻底的农村和取缔反动会道门。5月12日，中共梅县县委作出《关于开展反霸与乡村民主运动的决议》，全县各区陆续开展反霸与民主运动，共惩办恶霸12人，反革命分子9人，民主方式处理犯罪分子248人。8月底，梅县完成镇反判定工作，第一次镇反运动全面结束，基本上肃清反革命残余势力，社会秩序得到安定，新生的人民政权得到进一步巩固，有力地保障地方经济恢复和各项工作顺利进行。

二、土地改革运动

1949 年 10 月 29 日，梅县人民政府颁布《晚造减租减息条例》，规定不论何种租佃形式，均依据当年年景评定租额后，进行“二五”减租，租额超过产量 50% 者，降为 50%，再行“二五”减租。通过“退租退押，清算反霸”八字运动，斗争反革命分子和恶霸地主，清算地主和其他剥削阶级，清算应退财物退租退押，全县建立农会和民兵队伍，社会秩序安定，人民政权巩固，为土地改革提供了条件。

1951 年 5 月，梅县土地改革运动委员会成立。先后抽调 1000 多名干部组成土改工作队，分赴全县各区、乡农村进行土地改革，1953 年 3 月结束。通过土改运动，彻底废除农村几千年的封建土地所有制和剥削制度，实现“耕者有其田”，广大农民真正成为土地的主人，劳苦大众翻身得解放。土地改革运动，对建立新社会经济、政治、文化，产生巨大作用。随着农民经济地位提高，基层政权得到加强和巩固，农村呈现一派欣欣向荣的新气象。

第四节 社会主义三大改造

按照党中央提出的过渡时期在全国范围内组织对农业、手工业和资本主义工商业进行社会主义改造（称“三大改造”）的精神，梅县认真贯彻执行，在组织三大改造的同时，推动实施“一五计划”，促进经济社会进一步发展。

一、对农业的改造

1953 年 2 月 15 日，中共中央通过《关于农业生产互助合作的决议》，农村开展互助合作运动。梅县各级党组织遵循党中央发展互助合作的三种主要形式，第一种是季节性临时互助组，第二种是常年互助组，第三种是以土地入股为特点的农业生产合作社，以及自愿互利、典型示范、国家帮助的原则，充分发挥农民个体经济积极性和互助合作积极性，采取办好试点，以点带面，逐步推开的办法，从临时互助组、常年互助组发展到初级农业生产合作社，再发展到高级农业生产合作社的过渡形式，实施对个体农业的社会主义改造。

1953 年春，经过整顿互助合作运动，互助组得到进一步健康发展。至年底，全县组织互助组 11450 个，参加农户 75622 户，占全县总农户 70. 39% 。

1953 年冬，县委、县政府遵照党中央《关于发展农业生产合作社的决议》，县委以江南龙坪（今属梅江区）红旗农业社为试点，总结试点经验，向全县推广。至1956年1月，全县办有高级农业生产合作社587个，入社农户占总农户的98.7%，基本完成对农业的社会主义改造，逐步向社会主义经济制度过渡。

二、对手工业的改造

中共梅县县委、县政府实施对手工业进行社会主义改造，主要引导手工业者坚持志愿互利的原则，通过说服教育、典型示范和政府援助的方法，引导他们在自愿的基础上联合起来，走合作化道路，最后发展到社会主义性质的手工业生产合作社。

中华人民共和国成立初期，梅县具有手工业性质的工业和个体手工业有276家，从业人员1300多人。手工业总产值164万元，经过3年经济恢复发展，即1949—1952年底，全县手工业总产值增至648万元。1953年9月，梅县县委、县政府贯彻上级对手工业“先整顿后发展”的方针，调整手工业企业，抽调30名干部，选择与农业生产关系密切和从业人员影响面大的14个行业657户手工企业进行整顿。随后，把个体手工业户组织起来，成立手工业生产合作社或小组。1956年1月，对手工业性质的私营企业，手工业的社会主义改造进入高潮，全县建起手工业生产合作社143个，生产小组5个，从业人员3643人，基本完成对全县手工业的社会主义改造。接着对县内私营企业8种产品棉布、火柴、墨水、机制纸、毛巾、肥皂、牙刷、粉笔实行加工订货，统购包销，将私营工业初步纳入国家计划轨道，成为国家资本主义初级形式。至1955年底，私营手工业加工订货值占全县私营工业总产值的80%。

三、对资本主义工商业的改造

梅县认真贯彻执行党对资本主义工商业“利用、限制、改造”的方针政策，采取一系列措施，进行社会主义改造。

1949年5月下旬，没收官僚资本和接收敌财产，接收梅城5家旧银行和国民党军需仓库。6月上旬，成立梅县军民合作社，下设银行和贸易2个部。1949年创办的兴梅印刷厂（今梅州市印刷厂）是梅县最早建立的地方国营工业企业。1950—1952年3年恢复发展期，先后建立中国人民银行和国营粮食、花纱布、贸易、百货、油脂、石油、专卖、运输等公司（站），304车队及供销总社；1952年4月，长沙小密李庆发、李秀发私营的长沙石灰厂，由梅县供销合作社接管，转为集体合作经营。1955年10月，投资兴办兴梅造纸厂，12月24日，城南区龙子乡（今梅江区三角镇龙上行政村）信用合作社成立，是梅县最早成立的第一家农村信用合作社。1953年，成立梅县专卖管理所，1954年过渡为梅县专卖公司，后为糖烟酒公司。2月，政府接管梅县光耀电灯股份有限公司，并对其中封建反革命分子的股份进行没收，国家投资更新设备发展生产，为梅县最早建立的公私合营厂。9月，对梅县私营工业产品棉布、火柴、墨水、机制纸、毛巾、肥皂、牙刷、粉笔8种产品，实行加工、订货、包销。11月，贯彻执行中央颁布对粮食实行计划收购、计划供应（简称“统购统销”）的政策。1955年9月，对私人银行实行联管，由国营、合作企业、税局、工商联的管理人员组成联营组织。

1956年1月2—8日，县委召开第一次全县私改干部扩大会议，贯彻党对资本主义工商业社会主义改造的方针政策。经过改造，全县城镇和农村的私营企业实现全行业公私合营，手工业和小商小贩基本实现合作化。梅城44个行业中有公私合营工厂14家，合营运输公司1家，合营商店14家，合作商店及合作小组66家，服务业合作室4家，手工业合作社42家，农村圩镇有合营商店10家，合作商店99家，手工合作社71家，总户数3021户，占私商总户数95.8%，人数4608人，占总人数94.4%。据1956年年末统计：全县共有49家大小厂矿企业，工业总产值1530万元（不含手工业产值），比1952年291万元增加4.2倍。商业方面全县公私合营和合作商业网点1080个，全年营业额比1955年增长79.5%。另外，地方国营工业产值增加11.2倍。

通过国家资本主义形式，有计划、有步骤地对资本主义工商业进行社会主义改造，并逐步把绝大多数资产阶级分子改造成为社会主义劳动者，进一步促进生产力发展。工业及小商小贩小企业主基本上参加了合作组织，全县资本主义工商业改造基本完成。

第五节 成立人民公社

1955 年，农业合作化高潮开始，毛泽东提出办大社的思想。原有的高级农业生产合作社已不能满足农民群众发展生产的要求，在规模上、生产上、活动范围、组织形式和公有化程度上已不符合向共产主义发展的需要，同生产进一步“跃进”的形势不相适应。规模较小的合作社合并成大社，是农业生产“大跃进”有效组织形式，全县掀起小社并大社的高潮。

1958 年 8 月 17—30 日，中共中央政治局在北戴河召开扩大会议，通过《中共中央关于在农村建立人民公社问题的决议》，在全国农村建立人民公社。梅县人民认真贯彻执行中央、省委关于建立人民公社的指示，召开誓师大会，人民公社运动如火如荼，迅猛发展，以大乡为单位合并高级农业生产合作社，建立人民公社。至 10 月底，仅一个月时间，梅县 687 个高级农业生产合作社合并成 11 个人民公社，规模最大的人民公社是梅县附城（今梅江区）卫星人民公社，由 4 乡 1 镇 29368 户组建成。人民公社实行政社合一的体制，是一个经济组织，工、农、商、学、兵五位一体的社会组织，一级政权机构，人民公社的基层机构为生产大队和生产队。

第六节　经济社会发展

一、农业生产发展

梅县地处山区，是一个以农业经济为主的区域。中华人民共和国成立初期，扶持和发展农业生产，改善农民生活成为党和人民政府经济工作的主要内容。

1949 年秋收后，为改善农民生活，发动群众，削弱封建势力，巩固乡村基础，在全县 80% 以上的地区推行“二五”减租运动。11 月 11 日，梅县颁发扩大冬耕办法，以冬耕增加粮食产量，补充粮食不足的被动局面。11 月 27 日，颁布奖励垦荒暂行办法，有效地促进农业生产的恢复。土改完成后，农民分到土地和部分生产工具，生产条件有所改善，生产积极性大大提高。由于沿用传统耕作模式，生产力水平低下，粮食产量亩产徘徊在 100—160 千克，粮食不能自足。1953 年成立第一个农业技术指导站，开展较大规模的单改双耕制改革。1954 年建立农业指导站和牲畜检疫站，积极引进新良种，推广农牧业科学技术和培训农民技术员。1956 年贯彻农业“八字宪法”[①] 等增产措施，粮食生产稳定增长。

畜牧业生产，20 世纪 50 年代起，引进推广国外良种鸡和杂

---

① “八字宪法”即土、肥、水、种、密、保、管、工。

交繁殖，先后引进优良水牛、公猪品种杂交，改良本地品种。同时，各级政府加强畜牧业防疫工作，执行“预防为主”的方针，发动群众采取综合防治措施，控制和消灭畜禽的主要传染病，促进畜牧业发展。

水产养殖方面，党和政府重视水产养殖业的发展，农业合作化和农田水利建设同时，积极扩大水产养殖面积，养鱼总水面积不断扩大，水产品产量逐年增长。

林业生产方面，1950 年 2 月，全国召开第一次林业会议，把封山育林列入储备森林资源的重要手段。1951 年 6 月，《兴梅专区水土保持暂行办法》颁布，规定在本区范围内崩裸荒山或与水土保持有关的山林均为水土保持林，对全区崩裸荒山进行绿化。经过土地改革，确定山林所有权，农民分得山林土地，造林、育林、护林积极性高涨。1953 年 10 月以后，根据政务院发布《关于发动群众开展造林、育林、护林工作的指示》的精神，政府实行“谁种谁有”的政策，鼓励农民植树造林，互助组和合作社时期，进行大面积的合作造林。1956 年合作化后，山林由合作社统一经营，农业合作社组织专业队开展造林绿化，人工造林发展较快。在抓好植树造林的同时，重视森林的保护，成立护林防火指挥部。1956 年农业合作化期间，个别地方出现乱砍滥伐现象，10 月，政府颁布《坚决制止乱砍滥伐林木保护森林布告》，各乡村制订“护林公约”，惩处破坏山林犯罪分子，乱砍滥伐现象得到制止。

二、发展社队企业，壮大集体经济

发展社队企业，壮大集体经济，全县出现全民大办工业的热潮，利用本地的煤、铁、电和山林资源，大办国营厂、街道厂、社办厂，社队企业职工人数猛增，工业总产值直线上升。手工业生产合作社升级或合并成为国营企业，有部分合作社下放给人民公社管理，并实行小集体向大集体过渡，全县共947家手工业企业改造成为集体社办企业的组成部分。据1959年统计，全县公社一级直属企业总收入占农村人民公社总收入的25.28%，集体经济从零开始逐渐发展壮大。

三、大兴水利

中华人民共和国成立初期，梅县农田灌溉设施条件差，仅有少量规模小、渗漏严重，受益面积有限的临时性木石陂、灌溉圳渠和自然积水的水塘等水利设施，蓄水量少，70%的耕地无法灌溉。1950年3月，梅县成立专门机构，大兴水利建设。各级党组织和人民政府把水利建设作为发展农业生产的重要措施，依据"洪、旱并治，以防旱、灌溉为主"的方针，组织群众开展农田水利建设。1952年春开始，开展"一村一小型水利"运动。1953年10月至1958年，对梅江河等沿岸堤防工程进一步加固，梅县人民开展大规模治水利高潮，实行旱、洪、涝并治，蓄引、堤和大、中、小型水利结合，进行综合治理、综合开发。

据不完全统计，1957—1962年梅江区兴建水利设施58宗，其中小一型水库4宗，有小密、干才、泮坑、黄坑水库等，总库容量1817万立方米，灌溉面积1477.86公顷；小二型水库25宗，有城北镇铁马礤、南蛇坑、禾尚塘、赖屋坑、石子凹、七圣夫人、油坑、三桐眼、黄沙坑、东风，长沙镇井头，西阳镇李子坑、大平、李坑、杨公塘、细坑，金山街道芹黄、温坑、碧峰庵水库等，总库容647万立方米，总灌溉面积611.4公顷；电力灌溉站16座331千瓦，有城北镇古洲、明阳，三角镇梅塘、三角十一队、三角一队、宫背岌、白鹤宫、铁沙塘、三龙十二、十四联队、十五联队、十六联队，大埗口、下车、上车等，及引水工程3宗，建有10个千瓦抽水站等，灌溉面积211.53公顷。梅县72.5%的耕地消灭旱灾，同时认真贯彻农业“八字宪法”，抓好改良土壤、科学种田、兴修水利，粮食产量逐年提高。梅县长沙小密乡，粮食年产比中华人民共和国成立前增长3.6倍。

四、大办交通

中华人民共和国成立后，梅县交通运输落后，对水上运输、公路运输，政府采取“全面恢复，重点发展”的措施，逐步改善水陆交通，促进城乡交流。

水运方面：组织专业航道队伍，疏浚河道，增加航运资源，修建码头。1953年航道港口建设组在西阳进行水下炸礁试验成功的基础上，分别在梅江段等处进行炸礁，疏通航道，为水运业的发展奠定基础。1951年5月，成立梅汕电轮公司，1952年10月对私营航运业进行社会主义改造，1953年建立国营船队，1955年8月成立公私合营潮梅轮船公司，1957年8月转为国营企业。私营木帆船主成立互助组、初级社，1954年4月合并成立木帆船运输合作社，后分别成立水上运输社，逐步由木船、水泥船发展到铁质船，从小吨位到大吨位，由人力肩撑桨摇到半机械化、机械化，动力燃料从燃木炭到烧煤炭、柴油。

陆运方面：1949年10月后，党和政府积极组织梅县人民抢修路基路面，恢复公路交通，重点整修国防干线官汕线。1950年4月，成立广东省公营汽车运输公司和地方国营岭东汽车运输公司，接收原国民党政府汽车37辆，开展营运业务和支前运输，形成国营汽车运输业。1952年中央拨款9.37万元，地方投资17.78万元，征用木材15万根，发动民工400万工日，整修线路共长461.9千米。1952年11月，广东省公营汽车运输公司改称广东省人民政府交通厅运输局梅县总站，逐步开通以今梅江区的梅城为中心至各县、区的班车，开始客运、货运业务。同时把私营汽车组织起来分成营运小组，有联组联营（合作式）和分组联营（互助式）两种形式。1955 年，私营营运车按质折价入股成立公私合营兴梅广通汽车运输公司，1956 年并入国营改为 304 车队。

邮电事业方面：中华人民共和国成立后，开通广州至梅县汽车邮路。1952 年梅城的电信电报业务增加营业处，逐步改变长途电话、市内电话、农村电话并席使用的状况，逐项规划和发展新的通信网络。1955 年开始架设市内电缆，以今梅江区的梅城为中心联通乡镇农村用户。交通、邮电事业恢复和发展，城乡之间联系得到改善，促进城乡物资交流和工农业生产的发展，推动国民经济的恢复和发展。

五、扫除文盲，大办学校

1952 年，梅县人民政府先后接收原有各级各类学校，私立中小学全部改为公立学校，同时加强领导，逐步进行整顿提高。1953 年后，各级党委、政府认真贯彻“教育要为国家建设服务，学校要向广大工农开门”的方针，扩大中小学招生名额，实行人民助学金制，适当扩大部分学校的规模，发展幼儿园，调配培养领导骨干和教师，扩充各类设备，按照德、智、体、美全面发展的教育方针培养教育学生。

幼儿教育场地建设迅速发展。1949 年以前，梅县只有 1 所幼稚园。20 世纪 50 年代初，接收原有幼稚园，新办 3 所幼儿园，同时各小学开办幼儿班和农村托幼所。1953 年后，各地普遍办起常年性或季节性幼儿园，各级政府先后成立专门管理机构，配备专职干部队伍，加强幼师培训，举办专业班，定向培训，短期培训，业务辅导，专题业务活动以及到外地参观等措施提高幼教质量，推动幼儿教育的发展。

小学教育改造和转型。20 世纪 50 年代初，各区乡人民政府和学校所在地的农会共同管理原有小学，增加招生人数。1952 年县人民政府接管全部小学，随即开展整顿工作，调整学校布局，裁并部分同村或邻近的学校，合并学生人数少的班级。对原有教师，除少数不适宜教育工作或其他原因分别劝退或另作安排外，大部分留任，根据学校教学的需要作适当调配。同时选派校长，选用新教师，加强对学校的领导和管理。政府拨足办学经费，充实教学设备。经过整顿调整，思想品德列入教育课程，教学工作日趋加强。至 1956 年，全县共有小学 400 所，在校学生 60900 人，比 1949 年增加一倍。

中学教育发展。1952 年，原有中学分别由县军管会、县人民政府接管。同时根据地理条件和人口情况，调整学校布局，贯彻向工农开门的办学方针，扩大招生名额，对基础条件较好的中学扩大规模，增办完全中学，同时有部分中学设夜间工农业余中学。据 1959 年上半年统计，梅县共有中学 30 所，学生 2. 1 万多人，比中华人民共和国成立前增加一倍。在扩大规模增办中学的同时，加强中学的思想品德教育，中学的教学教育有所创新，体育卫生工作有所进步。1953 年后，为适应国家建设需要和归侨、侨属子女的要求，各校增加高中班额，并在梅城新办高级中学，兴办华侨中学等。1955—1956 年开展扫盲，组织 5. 2 万多个文盲和半文盲入学。提高工农文化素质，县成立扫除文盲工作队 202 个，农村小学附设民办夜校，梅城设立工人夜校，部分中学附设工农夜间中学。

第七节　中央人民政府老革命根据地访问团粤东分团到梅县（含梅江区）访问

在革命战争年代，粤东人民在中国共产党的领导下，高举革命旗帜，进行长期不屈不挠的英勇斗争，为中央革命根据地创建和发展付出巨大的努力，为全国解放事业作出无私的奉献。1951年，中央人民政府为关怀老根据地人民，褒扬革命根据地在历次革命战争中所作出的丰功伟绩，中共中央华南分局第一书记、广东省人民政府主席叶剑英致信周恩来总理提议，派出慰问团奔赴全国各个根据地，代表中共中央、中央人民政府对老根据地人民进行慰问，粤东分团为其中之一。

1951年8月，中央人民政府派出以古大存为团长的南方老革命根据地访问团粤东分团，深入粤东革命老区进行慰问，兴梅地区以五华、丰顺、大埔3县和梅县的南部为重点。8月15日，中央人民政府南方老革命根据地访问团粤东分团第二分队到梅县长沙区、西阳区等地访问老区人民生活恢复状况及革命斗争事迹，谢开贤为分队长，访问时间共18天。访问团所到之处受到当地群众的热烈欢迎，敲锣打鼓燃鞭炮，男女老幼列队迎接，访问团路过之地，三里五里摆设茶水站，有的走一二十里前来迎接，有的隔夜不睡等候访问团到来。长沙区陈公坪的群众为迎接访问团，组织群众开山路迎访问团。访问团为梅县群众召开见面会、招待会、座谈会、调查会、回忆会，结合展览会传达毛主席对革命老根据地的深切关怀。并访问烈军属、残疾军人和老区的革命群众，放映电影或文工团演出，为梅县人民送医送药，免费诊病。同时，发放救济款和耕牛，解决急需解决的困难，并发放纪念品和烈士证，颁发一级毛主席像章、二级金章、毛主席题词、三级瓷章等纪念品，提高烈属光荣感。

1951 年中央人民政府南方老根据地访问团粤东分团第二分队访问梅南九龙嶂长沙老苏区出发时留影

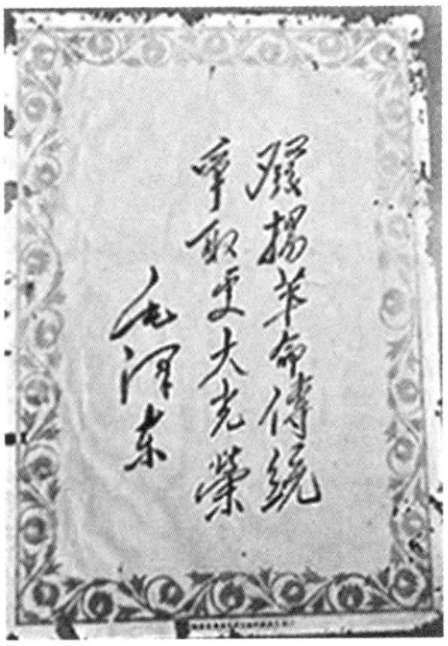

1951 年中央人民政府南方老根据地访问团赠送革命家属的字画，毛泽东亲笔题词“发扬革命传统　争取更大光荣”

老根据地访问团颁发的毛主席像章

1930 年土地革命时期，梅南革命老根据地红军战士李思绮、朱达秀等及群众 300 多人惨遭国民党反动派集体屠杀。访问团及时拨出资金，在长沙老区人民共同努力下，动工兴建革命烈士纪念碑。1951 年 8 月 20 日，在今梅江区长沙镇举行革命烈士纪念碑落成典礼，中央人民政府南方革命老根据地慰问团粤东分团第二分队参加典礼仪式，兴梅专署专员卢伟良在典礼仪式上作重要讲话，指出“梅南是东江革命的一面旗帜”。梅江区长沙革命烈士纪念碑为梅江区革命传统教育基地。

长沙革命烈士纪念碑碑文如下：

1930 年土地革命时期，梅南老根据地革命先烈及革命群众被反动国民党在长沙墟集体屠杀。李思绮、朱达秀、郑德云、叶柏桓、叶廷章、陈锦城、叶仕彝、侯者民、赖鼎歆、叶炳兴、郑锡麟、吴棣祥、杨桂彝等 300 多革命先烈之公墓。

中央人民政府南方老根据地访问团
粤东分团第二分队立碑纪念
一九五一年八月二十日立

梅江区长沙革命烈士纪念碑

第八节 改革开放

自1978年12月中共十一届三中全会召开至1988年3月，梅江区所属范围的老区在梅县县（市）委和县（市）政府领导下，认真贯彻中共中央十一届三中全会精神，把工作重点转移到以经济建设为中心，实行“改革、开放、搞活经济”的方针，开展经济体制、政治体制、文化体制、社会保障体制改革，进行社会主义物质文明和精神文明建设，全县国民经济保持持续、稳定、快速发展，社会各项事业全面进步，人民生活从温饱向小康迈进。

1988年1月，经国务院批准，梅县地区改设为梅州市。3月，原梅县市的市区和市郊5个乡镇组建成市直辖县级区，以母亲河命名的梅江区挂牌成立。从梅县市分出的梅江区，人口21.92万人，全区人民在区委、区政府带领下，沿着中共十一届三中全会指引的路线，解放思想，开拓进取，为实现繁荣梅江、文明梅江、法治梅江、安康梅江、活力梅江，全区干群风雨同舟，顽强拼搏，发扬艰苦创业精神，全区社会经济实现全面协调可持续发展，取得令人瞩目的丰硕成果。

1. 经济建设快速发展。县区分设后，梅江区委、区政府认真贯彻中央把工作重点转移到以经济建设为中心，实行“改革、开放、搞活经济”的方针，正视建区初经济基础薄弱、总量小的现实，充分发挥地处中心城区的优势，优先发展第三产业，适度发展工业企业，大力发展城郊特色农业，使全区经济步入快速健康发展轨道，主要经济指标逐年增长。按照中央关于实行改革开放搞活经济的精神，2003 年 3 月梅江区成立招商引资工作领导小组，牢固树立“大招商、大引资、大发展”的理念，不断优化投资环境，积极开展招商引资工作，制定出台优惠政策和奖励政策，拿出真金白银落实奖励措施，叫响“谁优秀、谁能干，招商引资比比看”，形成全民招商、全力引资的良好局面。2007 年在市委、市政府关心、支持下，建立市区“统一收税，增量共享”的市、区利益共同体，从而消除长期制约梅江区发展的体制障碍，拓宽发展空间，提高工作效率，增强发展后劲。仅 2012 年，全年引进项目 319 个，计划投资 280 亿元，实际投入资金 105.12 亿元。全区生产总值 34.46 亿元，比 1988 年增长 24.5 倍，区财政一般预算收入 3.95 亿元，比 1988 年增长 35.4 倍，全区经济实力不断壮大。

2. 城乡建设日新月异。随着改革开放的深入，以梅江区行政区为中心的凌风东路、义化路、江边路、梅江一路、梅州学宫、五洲城等老城改造热潮迅速掀起，电机厂老厂区改造，梅石旅社拆建，福利院置换重建，大兴批发市场动工，运兴批发市场兴建，梅州电影院的改造等工程一个接一个，高潮迭起。梅江碧桂园、万象江山、皇家名典房地产项目快速推进。东山教育基地、客家公园、省道 223 线、客天下旅游产业园、江南进城大道、千佛塔宗教文化区拓建工程等重点项目建设全面推进。梅长公路大桥、梅州大桥、梅江剑英纪念大桥相继开通，横跨梅江两岸。梅江两岸一座座高楼拔地而起，新时代的住宅小区、酒店宾馆和商场大厦陆续呈现。森林围城工程，中国旅游城市，国家卫生城市、文明城市创建快速推进，城市品位不断提升，老城面貌发生巨大变化。社会主义新农村建设扎实推进，城郊农业经济不断发展。在稳定粮食生产同时，城市农副产品有效供给得到保障。农村改水、改路、改厕、改灶等环境改造行动广泛开展。农村生活垃圾上门收运全面实施，农村生产生活环境得到不断改善，城乡面貌日新月异。

3. 民生福祉不断完善。为群众办好事办实事，工作扎实推进，农村危房改造任务全面完成，历年的洪灾全倒户重建新居，基本解决“住房难”问题；教育教学条件不断改善，优质学位不断增加，较好地解决“读书难”问题；劳动力培训和职业技术教育不断加强，缓解“就业难”问题；农村合作医疗覆盖率100%，城镇居民医疗保险参保率80%以上，有效解决“看病难”问题；全区行政村道路实现水泥硬底化，解决“行路难”问题；全区人民用上自来水或安全洁净水，解决农村“饮水难”问题。2001年5月按省二级福利院标准重建梅州市福利院，改造镇级敬老院，兴建设施完善的老人活动中心。2012年，农村居民人均可支配收入、城镇居民人均可支配收入分别比1988年增长16.3倍、16.6倍。社会治安综合治理不断加强，社会和谐稳定。保安居、建学校、促就业、重社保、纾民困等民生全面改善。

4. 教育事业不断发展。积极实施“科教兴区”战略，按照打基础、抓规范、上水平、增后劲的发展思路，抢抓机遇，规划发展蓝图。建区初，梅江区委、区政府面对学校校舍简陋、办学条件差的现状，1998年启动“改薄建规”工程，至2000年新建教学楼18栋，全面完成改造薄弱学校，建设规范化学校任务。“十二五”期间，全区投入7.4亿元用于学校基础设施建设，其中投入5.4亿元扩大校园面积53亩，新建校舍10栋，新建、扩建或改造运动场10个，城区中小学班额问题得到较好解决。按照“整顿巩固、重点发展、提高质量、稳步前进”的步骤，实行分级办学、分级管理的体制，对全区学校布局进行调整，对师资进行调配，出台鼓励社会资金兴办教育的政策，激发社会各界的办学热情。先后实施“教育基金百万行”、“改薄建规”和“强师工程”等项目，改善教育、教学环境，提高办学质量，促进教育发展。2009年，梅江区获评“省教育强区”，2010年梅江区实现“省教育强镇（街道）”全覆盖。

5．扶贫“双到”实现脱贫。认真贯彻落实中央、省、市实施扶贫开发“规划到户、责任到人”战略部署，转变扶贫工作思路，创新扶贫工作模式，践行以人为本科学发展理念，对省定13个贫困村727户贫困户1984人采取“靶向疗法”“一村一策、一户一法”“定责定人”等帮扶措施，扎实有效推进扶贫开发“双到”工作。2009年梅江区开展扶贫“双到”工作，至2012年，全区累计落实帮扶资金4756.35万元，帮扶到村3883.93万元，平均每村298.76万元；帮扶到户872.42万元，平均每户1.2万元。2011年全区落实帮扶资金3022.22万元，平均每村232.48万元，其中，直接帮扶到村2534.58万元，平均每村194.97万元；帮扶到户资金487.64万元，平均每户6700元；实施集体经济项目16个，帮扶贫困户项目517个。2012年，梅江区13个省定贫困村村集体经济收入平均达到6万元以上，有劳动力的贫困户100%实现稳定脱贫；全面完成危房改造任务，全部贫困村建成“双到”工作示范村，提前一年实现脱贫目标。

6．政通人和。加强民主政治建设，完善议事决策机制，健全民主制度，形成既有集中又有民主，既有纪律又有自由，既有统一意志又有个人心情舒畅、生动活泼的政治局面。加强党的思想作风建设和基层组织建设，打造一支有向心力和凝聚力、整体合力强的干部队伍。加强与华侨、港澳台同胞和在外乡贤的联系沟通，不断增进亲情、乡情，赢得海内外乡贤的大力支持，建区20年，海内外乡贤捐款捐物折合人民币累计近2亿元，投资近2亿美元。

第九节 振兴发展

2012年11月，中国共产党十八大召开后至2016年，梅江区深入贯彻落实党的十八大及十八届中央委员会历次全会精神，认真学习贯彻习近平总书记系列重要讲话精神，围绕市委、市政府规划建设“一区两带六组团”① 总体部署，解放思想、改革创新，凝心聚力、扎实干事，加快建设“首善之区、幸福梅江”，全面推进经济社会发展和党的建设，取得了显著成绩。

一、优质项目集聚发展

1．项目建设实现重大突破。坚持项目建设作为产业集聚发展的重要引擎，深入实施“乡贤回归投资兴业”工程，积极利用世界客商大会等重要平台，全力引进一批带动能力强、有利于产业集聚发展的优质项目，掀起新一轮项目建设高潮，实现产业与城市的双重激活。2012—2016年共引进万达广场、奥园半岛、东山谷、海吉星等超10亿元优质项目21个，国威电子、梅江水岸等

---

① “一区两带六组团”中“一区”指嘉应新区；“两带”指广东梅兴华丰产业集聚带、梅江韩江绿色健康文化旅游产业带；“六组团”：立足加快县域经济发展，按照主体功能区定位，依托兴宁、平远、蕉岭、大埔、丰顺、五华六个县域的资源禀赋和产业基础，以县域为核心，以中心镇、专业镇为节点，以产业园区为载体，以交通、水利、信息、环保等基础设施为支撑，打造特色主导产业，以工哺农、以城带乡，促进县域经济特色化、组团式发展，城乡统筹发展。

超亿元项目130多个，计划投资总额达820多亿元，每年均超额完成市下达的招商引资任务，实现全区项目建设重大突破。

2. 有序承接东升工业园管理。按照市委、市政府关于东升工业园建设的决策部署，2016年1月，东升工业园移交梅江区管理。5月，成立梅江区园区服务中心，负责招商引资和园区日常运营管理等工作，从此梅江区实现无工业园区的突破。梅江区政府在市各单位协调下，深入实施产业振兴计划，全方位服务工业企业发展壮大。对外则以广东梅州经济开发区管委会名义开展工作，积极引进外资大项目进驻工业园区，打造百亿园区、百家以上企业“双百”的发展目标，提升东升工业园区为核心的创新创业氛围。

3. 加快园区产业特色发展。围绕园区电子信息产业集聚度高，电子产业为主特色产业，以国威电子、志浩电子、博敏电子、威利邦电子等产值超亿元企业为龙头，带动和吸引上下游企业集聚发展，形成从铜箔、覆铜板、电路板生产到电子电器产品生产较完整的电子信息产业链。2012—2016年，梅江区集聚电子信息类企业55家，占入园企业总数的44%，占全园产值的76%；其中电路板生产企业31家，占全市电路板生产企业总数的一半以上，占园区总产值的57%，占电子信息类企业总产值的75%。2014年风华环保成为全市首家“新三板”挂牌企业，推动企业借力资本快速拓展国内外市场。2012—2016年，梅江区有6家企业在“新三板”成功挂牌上市。

4. 大力推动园区提质增效。主动作为，组建成立园区项目公司，多方筹措资金，盘活整合闲置土地、厂房资源，聘请专业设计团队，开展控规编制及优化提升概念规划设计等，积极谋划推动园区提质增效和扩建工作。加快园区土地开发、标准厂房、环保基础设施扩容以及园区道路等基础设施建设，努力完善各项生产、生活配套，做优园区载体，增强园区发展土地和环境承载水平，完善园区核心功能（生产）与外延功能（配套）配比构成，努力提升园区产业发展承载能力。

二、实体经济持续壮大

梅江区委、区政府把加快经济发展作为第一要务，不断优化产业结构，提高经济效益。2015 年，全区三大产业结构调整为 15∶33.7∶51.3，完成生产总值 60.7 亿元，是 2010 年的 2.3 倍；一般公共预算收入突破 9 亿元，是 2010 年的 3.2 倍，超额完成“十二五”7.5 亿元的目标；固定资产投资 2012—2016 年累计完成 186.2 亿元，是“十一五”期间的 6 倍，年均增长 47.2%。

1. 现代服务业日益繁荣。充分发挥中心城区交通、人才、信息等优势，大力发展商贸物流、金融地产、住宿餐饮、休闲旅游等现代服务业，城市经济欣欣向荣。2012—2016 年，梅江区先后建成客都汇、东汇城、万达广场等城市综合体，2015 年社会消费品零售总额完成 92.9 亿元，年均增长 14.4%；义乌小商品城建设扎实推进，海吉星物流园水果区建成运营，有力推动城区商贸物流跨越发展；紧紧围绕梅江韩江绿色健康文化旅游产业带规划，不断加强景区景点建设，新增客天下 AAAA 级景区以及 AAA 级景区 2 个，城北镇获评“省农业与乡村旅游示范镇”，2015 年旅游接待总人数、总收入分别是 2010 年的 4 倍和 3 倍。

2. 工业经济提质增效。深入实施产业振兴行动计划，扎实推进园区扩容增效，制定出台促进外经贸稳定增长、企业上市挂牌扶持激励等政策，全方位服务工业企业发展壮大。2012—2016 年，梅江区规模以上工业企业增至 42 家，6 家企业在“新三板”挂牌上市，电子信息规模以上企业增至 24 家，客天下农电商产业园、中梅电商孵化港等电商企业快速发展。2015 年全区完成工业总产值 58.6 亿元，年均增长 14.5%，外贸进出口 3.85 亿美元，年均增长 14.6%。大力推进产学研合作，多项人才培育工程项目入选省“扬帆计划”，2012—2016 年，共申请专利 1200 多件。

3. 城郊农业特色发展。大力发展城郊特色高效农业，蔬菜、花卉、水果、茶叶、水产等农产品实现基地化、集约化发展，省级龙头企业增至 8 家、市级以上龙头企业增至 36 家、农民专业合作社增至 102 家、家庭农场增至 20 家，稻丰客家丝苗米、家家发清凉山系列茶等多项农产品获评省级荣誉称号，城北镇成功创建“省技术创新（花卉）专业镇”，西阳镇获评“广东十大茶乡”。设立台湾农民创业园管委会，争取上级扶持资金 5000 多万元，加快推进台湾农民创业园建设。2015 年，全区农业总产值 15.4 亿元，农民人均可支配收入 1.58 万元，年均增长 14.9%。

三、中心城区扩容提质

紧紧围绕市委、市政府“一区两带六组团”规划建设，大力推进城市扩容提质，嘉应新区起步区、核心区发展框架基本形成，中心城区人口吸附力和项目承载力全面凸显。

1. 土地、房屋征收高效推进。梅江区委、区政府牢固树立大局意识和责任意识，与市直部门紧密配合，研究制定征收补偿安置等文件，以村为单位加强“三抢”① 防控，全力推进江南新城、芹洋半岛等 20 多个重点工程项目用地征收，积极开展“三旧”② 改造、低丘缓坡未利用地开发，2012—2016 年累计征收土地 1 万多亩、房屋 9000 多座，土地房屋征收总量超过 10 年总和。挖掘盘活土地资源近 4 万亩，为中心城区扩容提质及重点项目建设提

① “三抢”指抢建、抢搭、抢装修。

② “三旧”指旧城镇、旧厂房、旧村庄。

供坚实的用地保障。

2. 城市扩容提质快速推进。江南新城、芹洋半岛项目吸附力和承载力全面激活，一批大型优质项目纷纷落户梅江，客都汇、东汇城、万象江山、万达广场等城市综合体和碧桂园、壹江南、奥园半岛、恒大御景等高端生活小区相继建成，商品房销售面积、销售金额年均分别增长40.2%和48.5%。

3. 各项基础设施不断完善。嘉应新区市政道路、地下管廊建设稳步推进，广州大桥、站前东路与客都大道成功联通，罗乐大桥、客都大桥及江南新城、芹洋半岛等20多条市政道路，剑英公园扩园、马鞍山公园、芹洋湿地公园相继建成，城区道路交通环境持续改善。芹洋半岛安置区、江南新城上坪安置区北区初步建成，江南新城吉祥、站前、埗明等安置区建设扎实推进，昔日“脏乱差”问题突出的城中村、城乡接合部改变成产业与城市高度融合的城市新区。

四、城乡环境优化提升

坚持生态文明发展理念，全力打好城乡环境整治大会战，扎实创建环保模范城市，建设美丽城乡。

1. 交通设施建设全力推进。紧紧围绕“建设潮汕平原北上开拓腹地的交通枢纽”要求，全力打好“交通建设大会战”。梅大高速建成通车，环城路改造工程顺利完成，推进梅平高速、市中心枢纽汽车站等工程建设。2012—2016年完成总投资34亿元。投入3.5亿元修建85千米县乡公路，完成140多千米农村公路硬底化改造，农村公路水泥硬底化实现100%，帮助群众解决出行难问题，对内联通、对外畅通的城乡交通网络体系不断完善。

2. 水利等基础设施加快建设。2012—2016年梅江区共投入资金1.6亿元，治理水土流失面积82.5平方千米、中小河流46

千米，完成城北防洪工程、干才水库工程扩容和群一、南蛇坑小型病险水库除险加固工程建设任务，完成白宫河白宫段、周溪河山区中小河流治理工程，扎田河、周溪河、白宫河沿岸重点乡镇达到20年一遇设防标准，全区城乡防洪能力进一步提高。在全市率先实施河长制，白宫河治理成效得到国家水利部高度肯定，治理经验在全省推广。

3. 深入开展“绿满梅州”大行动。全力创建生态文明先行示范区，大力实施造林绿化工程，森林碳汇、生态景观林带、乡村美化绿化以及森林抚育建设任务全面完成，加快建设“绿色廊道”，城区主要进出口绿化、美化水平进一步提升。2012—2016年，梅江区完成森林碳汇重点生态工程2866.67公顷，完成森林抚育任务8133.34公顷，新建森林公园5个，森林覆盖率73.2%，宜林荒山绿化实现全覆盖。

4. 全力抓好环境卫生整治。统筹抓好城乡环境卫生综合整治，梅江区全面承接市环卫职能，先后筹集1.35亿元投入“创卫”和“巩卫”工作，顺利通过“国家卫生城市”复审验收，顺利通过“省农村生活垃圾治理示范县”验收。实现市级卫生村全覆盖，全面完成农村垃圾处置基础设施建设任务，并将村级保洁员工资列入财政预算。大力推进城乡环卫一体化，生活垃圾无害化处理率100%。

5. 狠抓重点环境问题整治。积极创建国家环保模范城市，城区空气质量优良率95%以上。清凉山水库、梅江饮用水源地主要江段水质达标率100%。狠抓重点环境问题排查与整治，深入实施“南粤水更清”行动，城市水环境质量和空气质量持续优良。优化农村人居环境，加强美丽乡村建设，打造城北特色花卉产业名镇、金山黄坑村生态旅游名村等一批名镇名村，建设鲤溪村、龙岗村等一批美丽乡村和原中央苏区县幸福村居示范片，2015年玉水古村获评国家传统村落。

五、民生保障不断完善

坚持小财政办大民生，集中70%以上财力解决重点民生问题，人民群众的幸福感、获得感持续攀升。

1. 重点民生保障稳步提升。2012—2016年，梅江区累计投入资金近50亿元，集中力量办好重点民生实事。建立城乡低保分类施保、孤儿最低养育、农村“五保”[①] 供养自然增长机制和实行政府供养对象居家养老一体化免费服务，保障标准保持稳中向好。投入4000多万元用于本区儿童福利中心、老人公寓建设，初步建成区、镇（街道）和村（社区）三级居家养老服务网络。完成危房改造300多户，安排公租房600多户。深化医药卫生体制改革，开展“一站式”医疗救助，全面实施城乡居民大病保险制度。积极稳妥实施国家计划生育政策，计划生育工作相关单位连续17年获评省先进荣誉称号。

2. 教育体育事业成绩显著。坚持教育优先发展，2012—2016年，梅江区累计投入7.5亿元用于学校基础设施建设，风眠小学、芹洋学校、特殊教育学校建设顺利推进，成功引进社会资本，建成北大新世纪实验学校、华师华业幼儿园等高端民办学校，全面完成“省教育强镇（街道）”复评全覆盖、“全国义务教育发展基本均衡区”验收。教育教学成效突出，获省级以上各类奖励156项，城北中心小学、人民小学被教育部评为“全国青少年校园足球特色学校”。群众体育、竞技体育蓬勃发展，体育健身场所不断完善，经常性参加体育锻炼的居民比例49%，连续三届市运会荣获团体及五项球类总分第一。深入实施振兴“足球之乡”十年

① “五保”指保吃、穿、住、医、葬五方面。

规划，2012—2016年新建或改造足球场地共33块，培养输送现役中国足球职业联赛球员10多名。

3. 宣传文化事业繁荣发展。梅江区与市广播电视台合作开通“梅江直播”平台，《梅江宣传》杂志、“梅江讲坛”影响力不断提升，宣传渠道进一步拓宽。加强文化遗产和古民居保护，精心编印《老梅城宗祠》《梅江私塾》《梅江古韵》等系列书籍和画册，2015年，文物保护单位增至32处，非物质文化遗产保护项目增至70个，玉水古村被认定为中国传统村落，仙花村等4个村被评为省级古村落，“人境庐”“荣禄第”等被列为全国重点文物保护单位。坚持文化惠民，不断加强公共文化设施建设，全面接管城区文化市场监管职能，全面完成文化先进镇（街道）、村级文化场（室）全覆盖，区文化馆、图书馆达到国家三级馆以上标准，镇（街道）综合文化站全部达到省二级以上标准，免费开放文化场（室）100多处，每年组织免费文化服务活动1000多场次。2015年梅江区获评“省基层文化工作先进单位”，原创舞蹈《阿妹采茶啰》获岭南舞蹈大赛第一名、省第六届群众音乐舞蹈花会金奖。

六、脱贫攻坚大力推进

紧紧围绕中央和省、市工作要求，精心组织，认真谋划，创新机制，真抓实干，切实打好脱贫攻坚战，全面建成小康社会。

1. 持续开展扶贫“双到”。2012—2016年，梅江区共投入帮扶资金8000多万元，大力实施特色产业帮扶、学技就业帮扶、社会保障帮扶和安居工程帮扶，完成危房改造184户，改造贫困村村道水泥硬底化7.8千米，贫困户100%参加新农村合作医疗，村集体经济收入全部达到3万元以上。第一轮全区13个贫困村和所有贫困户100%实现顺利脱贫，提前一年实现脱贫目标。第二轮顺利完成15个区内相对贫困村的帮扶任务，贫困村村集体经济收入全部达到3万元以上，集体经济实力增强，生产生活条件明显改善。全区13个贫困村和15个相对贫困村所有贫困户100%脱贫。

2. 扎实开展精准扶贫。多策并举，大力实施新时期精准扶贫、精准脱贫，加快脱贫步伐，有力地促进目标任务顺利实施。2012—2016年，梅江区建档立卡相对贫困人口共有804户1604人，其中省定相对贫困村10个，全部在西阳镇共269户662人。抓产业扶贫，加快脱贫增收，梅江区共筹集扶贫资金4500多万元，实施扶贫入库项目7281个；带动贫困农户实施帮扶项目，推进"一村一品、一户一策"帮扶策略，发展种植、养殖、林下经济、生态农业、农家乐等增收项目，完成脱贫任务。

3. 深入开展对口帮扶工作。2014年启动增城梅江对口帮扶工作后，按照《增城市—梅江区对口帮扶总体工作方案（2014—2020年）》的总体部署，2014年、2017年先后派驻两支队伍到梅江区开展对口帮扶，投入帮扶资金5300万元，用于公共基础设施、民生社会项目及完善园区配套设施建设，主导或协助引进项目，有力推动梅江区经济社会发展。

4. 幸福村居示范片建设。中央苏区县幸福村居示范片建设项目核心创建村西阳镇鲤溪村、龙岗村，科学合理建设规划，编制设计方案，突出人文历史、自然生态、民居风貌等建设特色，因势利导，充分挖掘地缘、人文、生态、华侨众多等优势和台湾农民创业园核心区的辐射作用，建设"两心三道"① 工程，打造"生态绿洲、幸福乡村"新农村。至2015年10月，梅江区幸福村居示范片建设计划总投资17855万元（含省级补助金1000万元），

① "两心三道"指龙岗村、鲤溪村，河道、绿道、省道。

已投资金 5310 万元，其中省级资金 335 万元、县级资金 475 万元、镇级资金 810 万元，社会筹资 3685 万元，群众自筹 5 万元；建立建设项目库 2 个，建设项目 23 个（其中省级资金项目 14 个）。

七、社会治理卓有成效

坚持把社会建设与经济建设同部署、同推进，创新思路、创造条件，走出了一条具有梅江特色的社会治理新路子。

1. 积极探索社会治理创新。创新服务群众工作机制，梅江区实现服务群众工作站（室）全覆盖，服务群众工作理念得到省委肯定和推广。积极开展村民理事会示范点建设，2015 年，梅江区 20 多个村（社区）获省级以上各类先进称号。双拥优抚安置工作创新发展，梅江区连续 9 次获评“省双拥模范区”。积极推动优生优育，计生工作连续 9 年保持国优，连续 17 年获评省先进。鼓励和引导侨胞积极参与各项公益事业，2012—2016 年接受海外侨胞捐资 7214 万元。扎实开展“一村（社区）一法律顾问”，完善立体化社会治安防控体系，梅江区被评为“全国法制县（市、区）创建活动先进单位”，江南街道红光、中心坝社区被评为“全国综合减灾示范社区”。

2. 深入推进平安梅江建设。积极探索社区治理方式，实施政府购买专业社工服务，家庭综合服务中心运作模式并得到全市推广。创建“平安梅江”，强化应急管理，深化信访工作制度改革，大力推行“阳光信访”，依法打击各类违法犯罪活动，综治考评群众安全感、政法工作满意度和平安创建知晓率均排名全市前列。全面加强安全监管，开创消防安全社会化“三级监管”制度和村级农产品（蔬菜）质量安全协管员制度，安全生产形势持续稳定。

3. 切实加强民主法治建设。区委大力支持人大依法行使重大事项决定权、监督权和人事任免权，大力支持政协履行政治协商、民主监督、参政议政职能，大力支持公检法司法机关开展工作。落实党管武装责任，国防教育、人民防空和民兵预备役建设扎实推进，实现省级双拥模范区“九连冠”。统一战线工作取得新成效，各民主党派、工商联组织建设不断加强，民族宗教和港澳、对台工作扎实推进，2015 年梅江区侨务工作相关单位获“省侨界贡献奖”，统一战线阵地不断扩大、活力持续增强，社会各界齐心协力助推梅江区振兴发展。

八、老区精神大力传承

大力传承和发扬老区精神，结合粤东西北原中央苏区振兴发展规划，按照省、市统一部署，全力抓好原中央苏区县有关扶持政策的推进和落实。

1. 成功确认“中央苏区县”。为进一步发扬革命传统，弘扬老区精神，努力实现“红色土地，绿色崛起”，积极向上级申报“中央苏区县”。2012 年 4 月，梅江区申报中央苏区县，领导重视，成立机构，抽调人员，有计划、有步骤开展“申苏”工作，积极走访，广泛交流；积极调研，搜集资料，实地取证走访老红军、老干部，取得第一手材料。6 月 10 日，梅江区“申苏”材料报送中央党史研究室，2013 年 7 月 23 日，梅江区被确认为原中央苏区范围。

2. 积极促进原中央苏区政策落实。积极争取省的支持，获得省财政批复，梅江区可享受原中央苏区扶持政策，2014 年起，省财政将梅江区纳入革命老区转移支付范围，每年安排专项补助资金 1000 万元。同时，积极争取低丘缓坡荒滩未利用地开发政策的批准实施，可供新增建设用地 402 公顷，金山项目已报批实施 61

公顷；获批城乡建设用地增减挂钩政策试点，争取挂钩周转指标32公顷，实施16项拆旧复垦地块，节约用地报批税费和财政经费4000多万元。

3. 积极争取原中央苏区项目资金。制订《梅江区落实原中央苏区县有关扶持政策的工作方案》和《梅江区贯彻落实〈赣闽粤原中央苏区振兴发展规划〉实施细则》，重点在产业、教育、医疗卫生、居家养老等政策方面积极争取中央、省、市对梅江区加大项目和资金扶持力度。认真编制原中央苏区振兴发展（2014—2020年）项目库，建立以梅州城区饮用水源保护建设项目、江北古城保护开发项目等60多个项目为重点的项目库，计划投资总额700多亿元。积极争取项目资金，2014—2015年，先后申报中央、省补助投资项目39项，计划投资总额2.3亿元。

九、干事创业氛围浓厚

坚持全面从严治党，不断提升党的建设科学化水平，党组织凝聚力、号召力和战斗力持续增强，干部队伍充满活力。

1. 基层组织堡垒不断夯实。坚持选优配强各级领导班子，2015年顺利完成镇、村两级换届选举工作。认真落实基层组织建设行动计划，不断强化基层经费、人员保障，提高村（社区）干部工作报酬和村（社区）办公经费补助，2015年江南街道红光社区党委被中共中央评为“全国先进基层党组织”。建立党代表网络工作室，实行党代表任期制、乡镇党代会年会制。突出抓组建、抓活动、抓保障、抓典型，“两新”① 组织党组织覆盖面不断扩大。坚持分类指导、精准施策，如期完成后进村（社区）、问题突出村和软弱涣散基层党组织的整顿转化任务。适应基层治理工

① “两新”指新经济组织、新社会组织。

作需要，增设三乡、客天下、碧桂园3个社区。

2. 干部队伍建设。区委、区政府扎实开展党的群众路线教育实践活动、“三严三实”[①]专题教育、“两学一做”[②]学习教育，集中整治群众反映强烈的突出问题，引领全区干部转作风、抓落实、促发展。坚持培训干部，2012—2016年共举办各类培训班100多期。深入推进镇（街道）领导干部驻点直接联系群众，“五联共建推动机关党员进村居”书记项目获全省通报表扬。开展在职干部人事档案专项审核，全面完成清理消化超职数配备干部。树立“重基层、重实干、重实绩”用人导向，2012—2016年共讨论调整干部20多批600多人次，一批政治强、业务精、敢作为、作风正的优秀干部脱颖而出。

3. 党风廉政建设。认真落实党风廉政建设责任制，严格执行《中国共产党廉洁自律准则》《中国共产党纪律处分条例》，以零容忍态度坚决查处违纪违法和违反中央“八项规定”[③]行为。建立健全廉政风险防控机制，加强对重点工程项目建设廉政监督。积极推进廉洁文化进机关、进景区、进农村，开展“廉洁镇村”创建活动，建成全市首个“廉洁镇村‘三纪’[④]教育中心”和“德馨园”客家廉洁诚信文化教育基地，进一步营造苏区人民风清气正的干事创业氛围。

---

① “三严三实”指严以修身、严以用权、严以律己，谋事要实、创业要实、做人要实。

② “两学一做”指学党章党规、学系列讲话，做合格党员。

③ “八项规定”指中共中央政治局《关于改进工作作风密切联系群众的规定》。

④ “三纪”指党纪、政纪、法纪。

6

第六章

发展展望

第一节 概 述

梅江区是“世界客都”梅州的政治、经济、文化中心。党的十九大召开以来，梅江区委、区政府坚持以习近平新时代中国特色社会主义思想为指导，坚持以人民为中心的发展思想，依托梅江山水脉络和历史人文等资源，围绕打造“诗画梅江、文明客都”目标，大力创建产城融合示范区，积极对接全市“一区两带六组团”规划建设，抢抓嘉应新区特别是江南新城、芹洋半岛建设等机遇，坚持“产城互动”发展，推进新型城镇化建设；生态文明先行区，紧扣创建“全国文明城市”总体要求，积极探索生态文明建设新体制和体制机制创新，闯出一条后发地区、落后山区走绿色崛起和生态文明道路；客都文化旅游特色区，整合全区旅游资源和相关产业要素，大力发展文化创意、婚庆旅游、商务会展、休闲度假、养生保健等产业，加快创建“广东省全域旅游示范区”；山区绿色工业引领区，淘汰落后产能，推进传统产业绿色化改造，切实推进资源节约、清洁生产和循环经济，大力发展资源消耗低、环境污染少的高端产业，把梅江区建设成为粤北山区的绿色工业基地；梅州市域经济核心区，充分发挥梅江区交通升级改造的契机，进一步整合资源，全面发展城市型经济，拓展城区的服务功能，增强新区辐射带动能力，真正发挥城市核心区的功能；社会民生幸福首善区，积极执行有利于促进创业、就业的配套政策，建立健全社会就业服务体系，将梅江区打造成为社会民生幸福首善区。统筹推进经济建设、政治建设、文化建设、社会建设和生态文明建设，全面建成小康社会。

第二节 构建现代产业体系

一、致力打造创新创业城

全面强化“重实体、兴实业”理念，以创新为第一动力，充分利用东升工业园这一优势平台，全面推动经济转型、产业升级、科技创新。

1. 突出抓好园区提质增效。重点推进总投资12亿元的东升工业园区扩容项目建设，加快园区扩容提质，努力提升园区产业发展承载力。坚持引资、引智、引技并举，立足“一区两带六组团”产业布局，主动对接省和广州市产业共建系列政策，加快打造百亿元产业共建示范园区。

2. 突出抓好产业创新发展。坚持创新驱动发展战略，认真落实创新发展“八大抓手”①，引导鼓励博敏电子、冠锋科技、国威电子等骨干企业加大资金投入，突出抓好扩产增效、设备更新和智能化改造，促进企业转型升级，不断为工业经济发展注入新的活力。

3. 突出抓好要素资源汇聚。规划建设梅江智谷，完善生产生活配套设施建设，培养和引进一批拔尖人才、高层次高技能人才

---

① “八大抓手”指支持高新技术企业培育、支持孵化育成体系建设、支持企业技术改造、支持自主核心技术攻关、支持新型研发机构建设、支持高水平大学建设、支持创新人才队伍、支持科技金融结合。

和科研创新团队，打造粤东片区功能最全、配套最优、服务最好的创新创业基地，为吸引乡贤回归投资兴业和发展主导产业、引进高端产业、培育产业集群夯实基础。

二、致力发展商贸物流板块经济

充分发挥中心城区的优势，整合利用现有资源，大力发展商贸物流板块经济，进一步增强城市的集聚效应和辐射带动能力。

1. 优化商贸扩大消费市场。积极顺应经济发展和群众消费需求升级，充分发挥万达广场、客都汇、义乌小商品批发城等城市综合体集聚效应，进一步优化商贸综合体布局，以良好的商贸供给满足群众对高质量、多层次产品的需求。加快梅江区农产品旅游电商展示中心和海吉星云·农电商基地建设，拓展梅江农产品销售渠道，让梅江名优特产品广为人知。

2. 加快商贸物流集散地建设。坚持“立足城区、服务全市、辐射周边”理念，依托海吉星和环市路商贸物流基础，做大做强汽车销售产业，引进仓储分拨、配送中心、快运速递、冷链配送等物流企业入驻，引导物流企业聚集。运用现代服务业管理理念，加强传统企业与电子商务融合，将运输、仓储、整理、配送、信息等环节有机结合，推进线上线下联动，形成完整产业链，构建大流通、打造大物流，将物流产业打造成梅江区支柱产业。

3. 谋划打造东升物联网小镇。立足东升工业园现有产业资源，按照“政府引导、企业主体、市场运作”的原则，利用博敏电子等高端电路板制造生产优势，着力构建集研发、设计、监测、生产、交易、金融为一体的物联网产业链，进一步推动东升工业园产业规模化、上档次，打造国家级智能制造生产示范基地、华南地区物联网创新研发示范基地、梅江南岸物联网营销展示产品和科技文化体验的物联网小镇，全面推进东升物联网小镇建设。

三、致力发展农旅板块经济

积极实施乡村振兴战略，全面统筹城郊农业、乡村旅游等资源，注重综合施策、分类指导、以点带面，激活农村发展力量。

1. 全力开发“三山、三水、三库”。坚持保护和开发“两手抓”，科学谋划清凉山、百岁山、明阳寨“三山”，白宫河、黄塘河、周溪河“三水”，以及小密水库、黄坑水库、干才水库“三库”的开发利用，结合美丽乡村建设、古村落保护开发等全面实施乡村振兴战略。做好做活山水文章，打造农旅融合发展新亮点，为市民休闲旅游提供新去处。

2. 做特做大做强城郊农业。立足于“服务城市、富裕农民”，形成无公害蔬菜、无公害水产品、精品花卉、优质茶叶、特色水果、中药材等六大主导产业带，打造一批农业名优品牌，把地方土特产和小品种做成带动农民增收的大产业，形成产值超20亿元的城郊特色农业发展新格局。让广大农民获得更多资产收益和稳定的就业机会，为乡村振兴奠定坚实的基础。

3. 推动乡村旅游蓬勃发展。按照“四好农村路”① 要求，高标准规划城乡入口道路，持续完善硬底化工程，加快构建四通八达城乡路网。坚持高起点、高规格打造百岁山公园、黄坑田园综合体等示范点建设，完善休闲绿道、景观廊道，串珠成链打造乡村旅游示范精品。重点发展农业＋旅游、农业＋体验、农业＋文化、农业＋康养等项目，带动相关配套产业发展，让农副产品变礼品、民房变客房、农区变景区。加强传统村落保护开发，加快名镇名村建设，全面盘活古镇、古村等农耕文化遗物，深入挖掘农耕文明内涵，推动乡村旅游蓬勃发展。

---

① “四好农村路”指建好、管好、护好、运营好农村公路。

第三节 推进城市扩容提质

一、加快建设宜居宜业城

紧紧围绕嘉应新区规划建设，统筹推进中心城区扩容提质与产业集聚发展，以城聚产，以产兴城，加快推进以人为核心的新型城镇化建设。

1. 加快城市扩容提质。全力以赴推进重点项目用地征收，加大客都大桥连接线等项目征拆扫尾力度，大力挖掘低效用地，着力推进“三旧”[①] 改造项目建设，为城市发展、优质项目落地腾出广阔空间。充分发挥江南新城、芹洋半岛优势载体，重点发展金融投资、信息服务、文化创意等生产性服务业，以及健康养生、现代医疗、文体娱乐等生活性服务业，加快经济总部区、商贸综合体等产业项目建设，进一步推动产城融合发展。加快市政道路、学校、医院、安置区和地下综合管廊等建设，完善数字化管控平台，着力建设“海绵城市”和智慧城市，进一步提升城市功能和品质。

2. 优化城乡人居环境。大力推进国家生态文明先行示范区建设，加快创建国家森林城市，深入开展“绿满梅州”大行动，持之以恒抓好生态建设和生态修复，扎实推进林业生态工程建设，

① “三旧”指旧城镇、旧厂房、旧村庄。

形成城在林中、林在城中的生态家园。加快创建国家环保模范城市，打好污染防治攻坚战，确保城区空气质量优良率达95%以上。全面落实河长制，加强水污染治理，强化断面水质考核和保护，确保达标率和优良率均为100%。加强生态文明宣传教育，强化群众环境意识，推动全社会形成绿色发展的良好风尚。

3. 加强城市治理创新。进一步完善党委领导、政府负责、社会协同、公众参与、法治保障的社会治理体制，提高社会治理社会化、法治化、智能化、专业化水平。牢固树立“主人翁”意识，把握创建“国家文明城市”机遇，深入推进城市管理体制改革，充分履行城市建设综合管理、规划职能，精细化、网格化治理城市。运用大数据技术推进社会治理创新，推动客家优秀传统人文精神与社会治理有机结合，以良好的城市管理水平和优秀的社会风貌，树立世界客都的城市形象，创建名副其实的“国家文明城市”。

二、构筑交通快速通道

借力全市构建潮汕平原北上拓展腹地枢纽城市良机，大力推进交通基础建设，突出抓好重大交通设施项目，构筑全面畅通的快速通道，促进经济振兴发展。以梅州城区为中心，加强连接周边高速公路建设，重点推进梅平高速、客都大桥、罗乐大桥等工程建设。妥善解决城市重点交通节点的拥堵问题，逐步推进对国道205、206线和省道333线的升级改造。完善交通配套设施，大力推进“绿色廊道”建设，实现重点交通沿线绿化率100%。扎实推进“四好农村路”建设，突出抓好旅游公路和农村公路建设，加快打通交通脉络，提升道路通行能力，让“村村通、村村连、村村美”变成现实。

三、大力兴修水利工程

以防洪安全、饮水安全和维护良好的生态环境为主要目标，建设防洪除涝减灾、民生水利、水资源开发利用、水资源节约保护、水土保持与河流生态修复项目等水利工程，全面完成小型水库除险加固，全面完成江河沿岸防洪减灾体系，开展小流域综合治理，提高小流域的防洪能力。继续开展“南粤水更清”行动，加强饮水资源保护，确保饮用水源安全。实现全区村村通自来水工程，城市供水保障达标率提高至 98%、农村集中供水普及率达到 90%。全面进行水土流失综合治理，加强水文水资源和水土保持监测能力、水资源监控体系、应急管理能力、人才队伍和科技创新等建设，形成与梅江区经济社会发展相适应的水利发展体系。

第四节 发展社会民生事业

一、推进基本公共服务均等化

坚持尽力而为、量力而行，推进基本公共服务均等化改革，积极探索多渠道筹集基本公共服务均等化资金来源，改善底线民生，提高基本公共服务保障能力。大力发展以社工、社会组织、社区为重点的“三社联动”服务模式，提升基层社会治理水平，构建现代社会服务体系。要进一步落实保障基本民生和底线民生的各项政策措施，统筹推进就业、就读、就医和社会保障等民生问题。进一步优化城乡教育、医疗卫生、文化体育资源配置，促进城乡义务教育、医疗卫生、文化体育事业均衡发展。提升社保信息化水平，全面实现社保卡户籍人口全覆盖。大力发展社会事业，加大农村教育、医疗、文化、社会保障等方面的财政投入，提高农村人均享有公共服务水平，逐步缩小城乡之间基本公共服务差距。

二、建立健全社会就业和保障服务体系

实行有利于促进创业、就业的财税、投资、金融支持政策，把带动就业岗位增加作为重要内容统筹考虑，鼓励劳动者多渠道、多形式就业。完善和落实鼓励创业的各项扶持政策，建立健全创业培训服务体系，建设高标准的创业孵化基地和孵化园区，优化

创业环境。实施创业培训推进计划，进一步完善创业导师制度建设，扩大创业培训范围，鼓励引导高校毕业生自主创业。

进一步完善就业服务、职业技能培训和劳动维权“三位一体”工作机制，大力开发公益性岗位，进一步扩大就业援助范围，推进农村劳动力稳定转移和就地就近就业。建立健全失业预防和调控机制，建立就业和失业的评估制度，有效应对失业风险。

加快健全劳动关系协调机制、劳动人事争议调处机制和劳动保障监察执法机制。全面实行劳动合同制度和劳动用工备案制度，加强劳动人事争议调解仲裁能力建设，强化劳动保障监察工作体系。

完善社会保险制度，扩大社会保险覆盖面，基本实现人人享有社会保险。进一步完善社会保障制度，推进城乡社会保障体系统筹并轨，健全低保标准动态调整机制和失地农民社会保障制度，完善新型农村社会养老保险和城镇居民社会养老保险制度全覆盖工作。

三、坚决打赢脱贫攻坚战

坚持精准扶贫、精准脱贫，围绕实现脱贫目标，切实履行主体责任、属地责任，注重扶贫先扶志，统筹推进贫困人口脱贫工作。全面落实产业、就业和金融等扶贫措施，拓宽贫困户增收渠道。加强实用技术培训，促进贫困人口就业，鼓励有条件的农民自主创业，带动就业。抓好政策性扶贫，实现应保尽保，确保不因贫辍学、防止因病致贫。管好用好专项扶贫资金，提高精准扶贫成效，做到脱真贫、真脱贫，确保实现“小康路上一个都不能掉队”。

四、扎实推进新农村建设

以习近平新时代中国特色社会主义思想为指导，围绕乡村振兴发展战略，按照产业兴旺、生态宜居、乡风文明、治理有效、生活富裕的要求，深入推进农村环境连片整治，加强农村小流域综合治理，开展土壤环境保护和综合治理等；加快推进农村生活污水治理；建立和完善“户收集、村集中、镇转运、区处理”的农村生活垃圾收运处理模式，到2020年，梅江区全部生活垃圾实现无害化处理；确保10个省定贫困村均达到整洁村标准；加快公共交通、供水、消防等基础设施向农村延伸，实现教育、卫生、文化等公共资源向农村倾斜，打造一批独具客家魅力的美丽乡村精品村；全面加快新农村建设，引导社会资本开发农民参与度高、受益面广的民宿业、休闲农业和乡村旅游业，把农村建设成为美丽山水田园，全面完成65个村庄“美丽乡村建设”。

要以产业化、标准化、品牌化、精致化理念，高起点规划、高标准建设、高效能管理，大力培育发展集种、养、加工、销为一体的农业龙头企业、农民专业合作社和新型农业经营主体，打造名优农产品品牌，带动农民致富。至“十三五”规划期末，全区农村经济总收入达到78.18亿元，农民人均所得达到12190元，农业总产值（现行价）达到18.02亿元，对比“十二五”期末分别年均递增6%。

五、大力发展文教体卫事业

巩固提升教育“创强”和“义务教育均衡发展”及“广东省推进教育现代化先进区”成果，统筹各类教育均衡、协调、优质发展。在江南新城、芹洋半岛、梅江碧桂园等地高标准规划建设各类学校，缓解城区学校学位不足问题。积极发展学前教育，完善学前教育体制，建立政府主导、社会参与的办学格局。整合教育资源，加大投入，提高教育装备水平。合理调整义务教育阶段学校布局，集中力量办好中心小学，大力推进义务教育标准化建设。提升特色办学水平，努力创建全市“素质教育示范区”，促进教育教学质量提高。

以壮大医疗健康产业为重点发展“医康养”板块，整合医疗、体育、养生等资源，建设好足球文化公园、保健疗养社区等项目，完善综合服务配套设施，形成医疗健康养生板块经济。加快建设保健疗养社区，整合市人民医院、深梅眼科、计生服务所等医疗资源，改造提升黄塘片区的综合服务配套设施，以防病保健、休闲养生为主要内容，辅以优生优育、临老关怀等，将黄塘河流域建设成为全市集疗养、保健于一体的特色医疗社区。积极引进国内外知名医疗和保健机构，做大做强养老服务产业。大力推进健康小镇建设，以“药、医、养、文”为产业特色，引进国丰源集团等优质企业建设东山健康小镇，打造完整的健康产业链条，建成广东省首个“国家级南药种植示范基地”“南中国特色医疗产业高地”。整合客天下生态、文化、旅游等资源，引进高端医疗、康复疗养、医药保健等优质企业，推动客家文化、生态旅游等产业化、规模化，着力打造集休闲、养生、体验、旅游于一体的客家文化小镇。积极谋划运动休闲特色小镇建设，加快体育与旅游休闲和文化创意等行业的融合发展，精心打造体育赛事表演、体育健身休闲、体育旅游、体育培训等特色产业链，培育新的经济增长点。深入实施足球振兴 3 年行动计划，力争打造一支扎根梅江的中乙职业球队，继续完善校园足球发展体系，培育足球产品品牌，擦亮“足球之乡”的亮丽名片。

巩固梅州市第二中医医院成功创建三级中医医院成果，按照国家中医药管理局《三级中医医院评审标准实施细则》，梅州市第二中医医院在成功创建三级医院的基础上，实现医院管理制度化、规范化、标准化、科学化，全面促进医疗服务质量持续改进。

第五节 促进文化繁荣发展

一、擦亮历史文化名城名片

传承优秀客家文化和大力弘扬原中央苏区精神，转化为推动经济社会发展的动力源泉，让世界客都更具魅力、增添光彩。

1. 打造客家文化展示基地。依托江北古城人文资源，整体规划、统筹推进江北片区的城市建设，大力整治与古城风貌不协调的周边建筑，加快建成周溪十里梅花长廊、黄坑田园综合体，提升江北片区整体人居环境。坚持保护开发利用，对历史文化街区进行全面升级改造，同时积极引进专业机构，加强整体包装和经营，建成兼顾博览、旅游、商务功能的特色街区，将历史文化街区建设成为传承客家优秀传统文化、展现客家文艺精品、扩大对外文化交流合作、提升客家文化影响力的重要基地。大力弘扬具有梅江特色的华侨文化、客商文化、球乡文化等优秀传统文化，通过精神提炼、人物研究、理论探讨等方式，出台扶持政策，创新文化供给模式和传承发展载体，不断丰富客家文化的外延和内涵，增创文化之乡新优势。

2. 大力传承弘扬红色文化。充分挖掘梅江区红色文化资源，打造一批红色教育基地，让每一件革命文物、每一个革命情景，都成为全区人民经常回忆、深入思考、领悟初心的“教科书”。按照“原址修复、修旧如旧”原则，加强对朱云卿故居、陈公坪革命旧址、长沙革命烈士纪念碑、乔琳公祠等重要红色资源的保护开发，着力建设重点革命遗址，打造一批革命教育基地。利用报刊、杂志、电视、网络等宣传媒介，加强对革命事迹、叶剑英精神、老区精神的宣传，浓厚原中央苏区氛围，引导广大干部群众牢记历史、奋勇前行。

3. 统筹推进文旅融合发展。围绕成功创建“广东省全域旅游示范区”总目标，加快推进风眠艺术小镇、周溪十里梅花长廊等旅游重点项目建设，大力推动客天下创建国家级旅游休闲度假区，促进“旅游+”产业融合发展。加强旅游公共服务设施建设，加快梅江区旅游服务（集散）中心、旅游驿站、旅游标识标牌建设，推进“厕所革命”新三年行动计划，培育一批特色民宿、主题酒店。围绕梅江特色和客家元素，开发更多具有地方特色的旅游商品，吸引游客目光，丰富旅游纪念品市场，进一步扩大旅游产业链条。优化提升旅游公共服务，成立旅游志愿者队伍，拍摄旅游专题宣传片，大力筹办第四届客家风情文化旅游节等品牌活动，全面扩大“诗画梅江”品牌影响力。

二、完善公共文化设施

加大投入建设区级文化设施，进一步完善区图书馆、文化馆场室设施配置，积极争取各级资金支持，为公共文化场馆服务效能提升配置必要的器材设备和文化资源；大力推进基层文化设施建设，加快建设集宣传教育、书报刊阅览、文化娱乐、信息服务、科技推广、科普培训、休闲健身和青少年校外活动于一体的镇（街道）综合文化站，大力推进基层综合性文化服务中心和文化室、农家书屋建设，到2020年，全部镇（街道）综合文化站达到国家二级站以上标准，建成30个以上基层综合性文化服务中心，村（社区）文化室按照“五个有”① 标准继续完善设施建设，文化信息共享工程服务网点覆盖到全区每个行政村，农家书屋工程不断提升。

三、开展文化惠民活动

建立和完善公共文化设施运行机制，确保实现图书馆、文化馆和镇（街道）文化站及其他公共文化活动场室免费向群众开放。努力发展“网上图书馆”“网上剧场”“群众文化活动远程指导网”等数字化服务网络，多渠道向基层群众配送文化资源。鼓励和支持企业建设职工书屋、俱乐部、职工之家等员工文化设施，推动文化事业单位和文艺团体与企业、工厂共建企业文化服务机构和服务点，丰富企业员工的业余文化生活。落实农村电影放映“2131”工程②，建立固定放映和流动放映相结合、公益放映和商业放映相补充的农村电影公共服务体系。积极开展丰富多彩的各类群众文化活动，坚持开展送戏下乡、送书下乡等文化下乡活动。鼓励和支持群众性文化活动，培养和发展群众文艺队伍，引导开展健康的文化活动。

四、大力发展文化产业

坚持大企业运作、大景点支撑、大服务引领，盘活世界客都

---

① “五个有”指有一个不少于 200 平方米的综合文化活动室，有书报阅览、电视播放、电子阅览、棋牌等文体娱乐功能；有一个农家书屋或社区书屋，藏书不少于 1000 册；有一个不少于 500 平方米的文体广场；有一个文化信息共享工程服务网点，可上网电脑不少于 5 台；有一个展线长度不少于 3 米的宣传橱窗或者阅报栏。

② “2131”工程指在 21 世纪初，广大农村实现一村一月放映一场电影的目标。

这一系统性文化资源。通过政府主导、市场运作，大力发展和壮大客家特色文化产业，建立和完善结构合理、布局科学的现代文化产业体系，让文化产业成为梅江战略性新兴产业，成为全区经济发展的一个新增长极。利用地处全市政治经济文化中心和历史文化名城中心地带的有利地理位置，科学规划特色文化产业带。加快发展动漫设计、文化创意、工业设计等创意产业，扶持梅台文化创意园发展；扶持发展音像出版、印刷等传统产业，大力发展网络传播等新兴传播载体，形成文化产业种类相对集中，特色突出的文化产业发展布局。加强文化与旅游对接，依托区域内厚实的客家文化资源，以文化产业园区为载体，以文化龙头企业为市场主体，以文化旅游、文化创意、新闻出版、演艺娱乐、文化会展“五大”文化服务业为重点的现代文化产业体系。全力开展文化招商活动，组织、策划一批文化项目参与世界客商大会、梅州国际山歌文化节及其他文化盛事的招商活动，广寻商源。推动文化产业规模化发展，重点支持客天下文化旅游产业园、客家文化产业基地等做大做强。

五、加强文化遗产保护

全面加强客家文化生态保护工作，深入挖掘具有客家特色的物质和非物质文化遗产，弘扬客家优秀文化，努力推动客家文化生态保护区建设。抓好古文物、古民居、古村落的保护和利用工作，对具有较高历史价值、艺术价值和科学价值的古文物、古民居、古村落，积极申报各级文物保护单位并建立保护组织或机构加以保护，配合做好客家围龙屋“申遗”工作，推动有条件的镇、村申报国家和省级历史文化名镇、名村，大力加强非物质文化遗产保护工作。建立健全非物质文化遗产保护资料、数据库及代表作名录体系，完善区、镇（街道）二级非物质文化遗产保护体系，设立非物质文化遗产馆或所；对列入国家和省级名录的项目实施全面、系统的保护，建立健全民间文化保护工作的组织体系，培养文化保护专业队伍；传承和发展五句板、梅城山歌、对山歌和民间舞蹈席狮舞、铙钹花等非物质文化遗产。

第六节 厚植生态文明优势

一、加强生态资源保护

持续推进“绿满梅州”“十万群山森林围城”工程建设，全面加强森林碳汇、生态景观林带、森林进城围城和乡村美化绿化建设，加强森林资源培育，提升生态优势。继续实施消灭宜林荒山和改造残次林、纯松林、布局不合理桉树林“一消灭三改造”工程，加大封山育林和抚育管护力度，全面构建森林生态屏障，建设生态梅江。实施生态红线划定工作，建立林业生态红线地理空间数据库，强化森林资源的保护和管理。完善水生态保护体系，实现水资源可持续利用。逐步推动建设江河沿岸防洪减灾体系，开展小流域综合治理，提高小流域的防洪能力，至 2020 年，城市和农村重点易涝区除涝能力基本达标。加强饮用水水源保护工作，对威胁饮用水源水质安全的重点污染源和风险源坚决予以整治、搬迁或关闭，加强巡查和执法，严禁在饮用水源保护区和生态严控区内开展从事污染环境的行为。统筹城乡供水，强化村镇集中式饮用水源保护，保障农村饮水安全，至 2020 年，农村饮用水水质合格率稳定在 90% 以上。严格水资源管理制度，实行用水总量控制，严格控制取水许可总量。强化和完善节水管理制度，至 2020 年，万元地区生产总值用水量控制在 70 立方米以下，万元工业增加值用水量控制在 60 立方米以下，保障水资源可持续利用。

二、加大环境治理力度

加快和完善环保基础设施建设，强化污水收集和生活垃圾的分类收集体系建设，加强危险废物的收集、收运以及处置制度建设，强化运营监管，加强放射源管理，确保环境基础设施完善、配套设施健全、运行管理规范、效益充分发挥。加大主城区生态环境建设投入力度，确保建成区绿化覆盖率全面提升；加快推进主城区工业企业搬迁工作，加强城乡接合部环境卫生综合整治，全面提升梅江区环境品质，至2020年，实现城区生活“微环境”全面改观。加强农业和农村环境保护建设，加强水污染防治与水生态恢复，加快农村环境保护行动计划的实施，深入推进农村环境连片整治，加强农村小流域综合治理，加快推进规模化畜禽养殖场重点减排工程建设及畜禽养殖业监管和治理，开展土壤环境保护和综合治理。

三、推进节能减排工作

认真贯彻落实国家和省、市有关节能减排的政策法规，把节能减排作为落实科学发展观的重要任务，形成以政府为主导、企业为主体、全社会共同推进的工作格局，确保单位生产总值能耗下降完成市下达指标。严把建设项目环评审批关和竣工环保验收关，推进和落实能评工作降低能耗水平，提高新上项目的能耗和环保门槛。加大节能减排新技术、新工艺、新设备和新材料的研究开发和推广应用，建立节能减排技术推广机制，加大技术改造力度，不断推进重点企业清洁生产审核，逐步降低生产能耗与污染物排放。继续推进落后产能退出机制，按市场化原则淘汰高能耗、重污染、低效率的产业，关闭和加快淘汰冶金、水泥、造纸等行业中能耗高、污染大、效益差的企业和生产线。严格实施环评制度，将细颗粒物和臭氧达标情况纳入规划环评和相关项目环评内容，将二氧化硫、氮氧化物、烟粉尘和挥发性有机物排放是否符合总量控制要求作为环评审批的前置条件，积极探索环境容量研究，将水和空气污染物纳污能力作为项目选择的重要依据。

7

第七章

纪念革命先辈，保护革命遗址

第一节 革命人物

一、重要革命人物

叶剑英

1925 年 2 月，在中国共产党的推动和支持下，孙中山领导的广东革命政府，为统一广东，巩固政权，举行了讨伐军阀陈炯明的第一次东征。东征军的主力是黄埔学生军和建国粤军。当时任粤军第二师参谋长的叶剑英，自始至终随师远征，而且在东征途中兼任梅县县长 22 天。

粤军第二师系第一次东征军的右翼先头部队，1 月 26 日从广州誓师出发。在苏联顾问加伦和罗加乔夫帮助下，叶剑英参与制订了作战计划。当时，东江及潮梅一带，共产党组织、领导的工农运动蓬勃兴起，震撼着封建地主、军阀反动统治的根基。由师长张民达、师参谋长叶剑英指挥的第二师，一路猛打猛冲，势如破竹，“历经石龙、新圩、淡水、增光、埔心、海丰，直抵汕头，追击黄岗、饶平、潮州、留隍、梅县、蕉岭诸敌，奋励扑进，所向披靡”。

3 月上旬，粤军第二师师部及其第四旅，溯韩江北上，经百侯、大埔、松口，于中旬占领梅县。下属第三旅从揭阳、丰顺兼程进入梅县境内，经 3 月 20 日畲坑激战，击溃敌李易标部而后会师梅城。兴梅全线告捷，陈炯明败军向闽赣边境狼狈逃窜。21日，叶剑英奉命就任梅县县长之职。从3月20日来梅至4月12日离职，叶剑英在短短的22天县长任内，积极宣传革命，努力兴利除弊，体恤民间疾苦，关心桑梓建设。3月12日，孙中山不幸逝世。噩耗传来，犹如晴天霹雳。3月中、下旬，梅县、兴宁分别举行孙中山逝世追悼大会。梅城东较场上，大纛低垂，哀乐呜咽。叶剑英和数千军民一道，沉痛哀悼伟大的民主革命先驱谢世。

从3月下旬到4月初，黄埔军校学生军也陆续开进梅城。军民联欢大会在孔庙召开。黄埔军校政治部主任周恩来，每天带领政工人员到处演讲、宣传，着手组织和发展工会、农会与新学生社等革命群众团体。周恩来还指派共产党员周逸群、黄锦辉等，协助叶剑英开展工作，梅县素称“文化之乡”，教育事业发达。叶剑英身为县长，十分注意占领学校这块阵地，十分重视知识分子、青年学生在革命中的先锋作用。他亲自到东山中学、丙镇中学、学艺中学等校，带头宣读《总理遗嘱》，以及孙中山先生弥留之际致苏联政府的感谢信，还作了以《关于苏联的十月革命和新经济政策》为题的演讲。他热情洋溢地介绍了苏联的革命实践和经验，分析了全国和广东的局势，深入浅出地讲述革命道理，谆谆勉励莘莘学子以天下为己任，发奋读书，救国救民，为革命随时准备牺牲个人的一切。

一天，学艺中学校务主任兼代校长李度旷先生来访，向叶剑英反映新创办的学艺中学经费奇缺，目前已到了火烧眉毛、朝不保夕的境地。叶剑英听后十分关心，于是当机立断，决定由政府出面，通令在全市征收生猪屠宰税，每头猪征收五角，全部用以资助学艺中学，终于使该校渡过难关，坚持开办下去。

每天，叶剑英面对繁忙的公务，面无倦色。他特别注意搞好社会治安，协助师长张民达对付逃窜闽赣边境的陈炯明残部。另外，还经常深入民间，体察下情，为革除弊端而努力。一次下乡走访群众时，有人对他说："宜伟（叶剑英的家名）哥，你当县长，家里还是一贫如洗，人家'代县长'杞材先生，已经打算做屋了。"这个叶杞材，是县政府里协助叶剑英处理日常公务的左右手。叶剑英回去一查，叶杞材果真挪用公款一百多个光洋，准备回家做新屋。叶剑英一贯待人诚恳厚道，遇事冷静沉着，但对贪污行为却深恶痛绝。为了挽救叶杞材本人和教育大家，他召开了全体公务员会议，认真阐述孙中山先生新三民主义的真谛，语重心长地教育大家廉洁奉公，反复强调新政府工作人员必须以身作则，遵守纪律，并责成叶杞材当众反省检讨，而且要"马上把公款追回来!"一丝不苟，执法如山。知道此事的梅县父老民众无不为之震动。叶杞材也从中受到深刻的教育，表示要洗心革面，挣脱名缰利锁。此后，他果然兢兢业业，把毕生精力奉献给"扶掖后进，乐毓贤才"的事业。

遵照广州政府的命令，叶剑英严整纪纲，除暴安良，伸张正义。有个寺庙主持，一向勾结官府，为非作歹，独霸一方。听说县城换了"县太爷"，便根据他钱能通神、自古当官都为钱的信条，派人携带300大洋作为见面礼，巴结新县长。谁知新县长叶剑英不但不笑纳，反而训斥他一顿，使这个"地头蛇"自讨没趣。不久，叶剑英根据群众的揭发，查实该僧罪大恶极，于是为民作主，派人将其捉拿归案，在公布罪状后就地正法。当地百姓扬眉吐气，欢欣鼓舞；而土豪恶霸人人自危，进退失据，惶惶不可终口。叶剑英勤于公务，夜以继口，审阅、清理了旧县衙不少积案和冤案，以快刀斩乱麻的方式，为梅县人民办了不少好事。

1921年，叶剑英在广西就曾经协助孙中山整军，深深懂得彻底改造旧军队，建立一支为民而战、为人民拥戴的新型军队的重要性。为了纠正旧军队欺压老百姓的恶劣作风，他经常是"大处着眼，小处着手”，像眼里容不得一粒沙子一样，不放过任何损害群众利益的事情。第一师刚进驻梅城的时候，无论工作如何紧张，每天他总要抽出一定时间，去巡查军队驻扎情况。一次，他走进一位房东家，原先人声鼎沸、热烈的场面突然冷落下来。看见在座者悻悻然的样子，他好生奇怪。经耐心询问，方知房东近日准备迎娶媳妇的新房，竟被一个姓黄的营长“征用”。他立即找到黄营长，斩钉截铁地告诉他，要另找住地。“如果确实找不到地方，那就搬到我住的地方去！”黄营长很快地退出新房，使房东欢天喜地办了喜事。此事在梅城不胫而走，一时传为美谈。

叶剑英喜欢“微服私访”。一次在街头，他听到两个卖粮的老乡争议不休。年轻的说：“当兵的不讲理，把我卖的那担粮压了价，我要找长官评理。”年长的怕惹是生非而劝阻他，认为给一半钱就算不错了，从前的军队不单抢粮，还要打人呢！叶剑英问明情况，十分气恼，要带他们追回另一半粮款。两位老乡半信半疑，后一同来到连队驻地，果真拿到被克扣的粮款。他们打听，方知带路的人原来竟是大名鼎鼎的县长叶剑英。叶剑英还召集连队官，进行关于买卖公平、军民鱼水关系的训话，要求部属严格执行东征军政治部颁布的爱民公约。在叶剑英的整饬下，二师进城部队都能模范遵守革命军铁的纪律，爱护百姓，秋毫无犯，受到梅城广大群众的赞扬。

4 月12 日，叶剑英奉命离职，经香港赴广州。25 日，发生“香洲兵变”，他又急赴香洲平叛。

注：时任粤军第二师参谋长的叶剑英，在东征途中兼任梅县县长 22 天，重要活动在今梅江区的梅城。

（资料来源：《红色江山·绿色家园》系列丛书之五《浩浩梅江》，第 13 页。作者：钟泰传）

李碧山

李碧山，1912 年 6 月 10 日出生，越南隆安省芹德市隆和乡人，原名裴公光，曾用名李裴文、李平、李英、李班等。1931 年 1 月加入了印度支那共产党（现在的越南共产党），是越南南方较早参加革命活动的党员之一。

1933 年初，李碧山到汕头市太原齿科医务所当杂工。1933 年冬，李碧山结识了来太原医院治牙的梅县松源中学老师王建良（中共党员）并成为至交。在多次接触中，王建良知道李碧山有想去中央苏区的愿望。1934 年春节，李碧山要求到江西瑞金中央苏维埃政府，陈仲平经请示武平县委同意后，经过周密的部署，在王建良、王文湘的护送下于 2 月 18 日踏上了瑞金的征途。到中央苏区后，碧山很快就被安排在中央党校学习。从此，他又转为中国共产党党员。党校学习结束后，被分配到中华全国总工会工作。碧山没有参加长征，而是奉命和一批留在闽西苏区工作的干部撤向福州。在撤退的行军途中，遭到敌人的袭击，因而掉队被俘，押进监牢。碧山出狱后，又回到汕头太原齿科医务所去做工。1936 年 10 月，李平奉中共南方临时工作委员会的指示，到汕头建立和发展抗日义勇军的工作，在工作中，李平结识了李碧山，经过对他认真的了解、考察和审查。11 月经中共南方临时工作委员会批准恢复了碧山的党籍。1937 年 1 月，中共潮汕工作委员会成立（同年 6 月改称为中共韩江工作委员会），李碧山任书记。

1937 年 5 月，因潮汕局势日益紧张，李碧山主张将工委机关迁往梅县，驻在梅县城外黄淑民家里，1 个月后又移至梅城上市。由于李碧山正确执行上级的指示，通过努力，此时梅县党组织发展到 200 余人，并建立了党组织联系。1937 年 12 月，中共梅县中心县委成立，李碧山任书记。1938 年 2 月，任中共闽西南潮梅特委宣传部长。1938 年 4 月调任中共潮汕中心县委书记。1938 年 10 月，又奉命调回梅县，第二次任梅县中心县委书记，直至 1939 年 6 月。在此期间，碧山正确贯彻执行党的全面抗战路线，卓有成效地开展了党的建设、统一战线等工作，壮大了党的组织。

1939 年 6 月潮汕沦陷后，碧山奉令调中共闽西南潮梅特委担任青年部长。1940 年冬，中共中央决定成立中共南方工作委员会，机关设在大埔境内。这年 12 月碧山参加了在大埔召开的南委机关筹备会议。接着碧山便调闽南特委任组织部长，1941 年 6 月调南委机关工作。

1942 年 6 月“南委事件”发生后，大埔的东南部与平和县的长乐一带的形势十分紧张，敌情极为严重。在这危难之际，李碧山临危不惧，仍然坚持住在百侯，根据南方局和方方的指示，结合具体环境采取了紧急的应变措施。

1943 年夏天，方方北上延安，碧山奉命担任南委联络员的工作，负责与闽西南、潮梅各地党的联络工作。12 月底又约见潮梅党组织负责人林美南，商定由谢毕真在梅县松口建立了 1 个以开旧衣店为掩护的党的联络站，为地下党组织的联络和全面恢复党的活动作了充分准备。

1945 年，兴梅革命斗争发生了重大变化，党的活动扩大到闽粤赣边，李碧山将党的领导机关从大麻莲塘秘密迁到梅县三乡黄泥坑，在那里建立中共闽粤赣中心县委，并报中央得到批准。1946 年 2 月，在铜鼓嶂沙窝里召开了中共闽粤赣中心县委成立大会，在这个会上，李碧山作了长篇报告，阐述了当时对党中央《关于目前形势和任务》的认识，提出了斗争的具体任务。

李碧山以共产党人的高度责任感和献身精神，不仅保存了闽粤赣边的革命火种，度过了革命低潮的危机，还把革命形势不断推向高潮，开创了闽粤赣边革命的新局面。

1946 年 7 月，他向中共中央申请要求回越南，很快得到批准。

1981 年 9 月 30 日，因心脏病复发，来不及抢救，不幸逝世，享年 69 岁。

（资料来源：据温碧珍、刘寒、廖金龙等文章及报刊，李辉、古锡桧整理）

方　方

方方（1904—1971），原名方思琼。广东省普宁县人。父亲是卖布匹杂货的小商。青年时代受“五四”的影响，方方与杨石魂、方临川等进步青年组织洪阳集益社，探索救国救民的道路。民国 13 年（1924 年），他考入广州第二届农民运动讲习所，参加了新学生社，结识了彭湃、阮啸仙等一批共产党人。1925 年他加入了共产主义青年团，后任团支部书记。1926 年转为中国共产党党员。他带领农军配合东征军进入潮汕，为地主豪绅所忌恨，扬言要开除其方氏族籍，方方听了之后置之一笑说：“不给我姓方，我偏要姓方，就叫方方！”表明了他对旧势力不屈服的斗争精神。不久，方方到潮安任县工委书记和总工会秘书长，领导工人运动。

1927 年四一二反革命政变后，方方率领农军英勇反击国民党右派，遭通缉，只好逃往泰国避难。当听到南昌起义部队入粤到潮的消息后，即回香港与省委取得了联系。1927 年 10 月，回潮安任县委宣传部部长。1929 年春，任中共东江特委宣传委员、职工委书记，后任中共普宁县委书记。1930 年春，调任中共汕头市委书记。不久，又调往潮阳县工农革命委员会任党团书记。年底，他随邓发进闽西苏区，任闽粤赣边区省委职工委员会书记。1931 年秋任中共汀连县委书记，1932 年春改任中共杭武县委书记。1933 年春，被当作“罗明路线”的执行者，受到批判，调回后方工作。1933 年冬，方方调任中共福建省委宣传部部长兼武装部部长，不久，代理省委书记，参加反“围剿”战争。红军主力长征后，方方留下坚持斗争，任闽西军政委员会常委兼政治部主任，后来任闽西南军政委员会政治部主任，坚持三年游击战争。1937 年赴延安汇报工作，受到党中央、毛泽东等的赞扬。1938 年冬，中共闽西南潮梅特委特委书记方方与爱人郑小萍、秘书许韵松和交通员郭玉意 4 人组成的特委机关转移到梅县白土乡洋坑桃树下体仁居熊秋魂家，加强潮梅新区党的工作，加强抗日武装和抗日救亡运动的领导。1939 年下半年，方方到芹菜洋张屋召开特委扩大会议，进一步明确巩固和扩大抗日民族统一战线的重要性。特委宣传部部长姚铎（后叛变）和闽西南潮梅特委副书记陈卜人等参加了会议。1946 年 6 月，由于抗日需要，特委机关迁出梅县。

抗日战争全面爆发后，方方任闽粤赣边区省委（后称闽西南潮梅特委）书记，大力发展进步势力。1941 年春，方方任中共南方工作委员会书记，直属中共中央南方局领导。1941 年 7 月到 1942 年 5 月，中共江西、粤北等省委机关相继遭破坏，叛徒带领敌人到大埔搜捕南委领导人，方方由于沉着、冷静对付而脱险。1943 年 8 月，他到延安中央党校学习。1946 年 1 月，方方任北平军事调处执行部（简称“军调部”）中共代表叶剑英的政治顾问，随周恩来、叶剑英赴北平与国民党政府代表团谈判，达成停战协议。随即，任军调部第八小组中共首席代表，以少将身份到广州与国民党谈判华南抗日纵队北撤问题。经过与广东当局面对面斗争，终于达成了东江纵队北撤烟台的协议。

内战全面爆发后，方方先后任中共中央代表、香港分局书记。1947 年他提出“实行小搞，准备大搞”的方针，同时注意做好隐蔽工作，并积极策划在华南地区恢复武装斗争。1949 年，香港分局又提出“全面发展，重点巩固”的方针，为实现建立大块根据地，迎接南下大军，准备解放华南作总部署。4 月，香港分局改为华南分局，方方仍任书记。8 月，方方到赣州与叶剑英会合，商谈部署解放华南等问题，在赣州会议上他作了《广东情况介绍》的报告。会议组成了以叶剑英为第一书记，张云逸为第二书记，方方为第三书记的新的中共中央华南分局。

广州解放后，方方被任命为广东省人民政府第一副主席，兼土地改革委员会主任。他与叶剑英一起，根据广东华侨多、情况复杂的实际，采取积极慎重的方针，领导广东进行土地改革运动，却被上级指责为“和平土改”。在 1952 年开始的反“地方主义”斗争中，受到错误的批判。1954 年，方方被任命为华南分局交通运输部部长。1955 年，方方调任中共中央统战部副部长、中华人民共和国华侨事务委员会党组书记、副主任和全国侨联副主任等职，协助何香凝、廖承志负责全国华侨事务工作。他是中共八大代表，第一、二、三届全国人民代表大会代表，第二、三、四届全国政协委员。方方于 1971 年 9 月 21 日去世。1979 年 3 月 28 日，中共中央举行隆重的追悼会，为其平反昭雪。

（编委会整理）

叶明章

叶明章（1907—1991），广东梅县梅南（今梅江区长沙）罗衣乡人，在本村正本小学毕业后，1924 年 11 月进入梅县东山中学读书。积极阅读进步书刊，接受先进思想，参加学生运动。这一时期，在党的领导下，梅县工农运动正在蓬勃兴起，梅南罗衣等地是共产党活动的重点地区，叶明章在学校中积极宣传先进思想，宣传共产党的政策主张，还经常深入农家发动农民参加土地革命斗争。1927 年 6 月，叶明章在罗衣乡正本小学任教员，这年 8 月由张响、李思绮介绍加入中国共产党。1928 年 1 月离开小学，担任中共梅南区委书记。积极发动农民组建农民协会，领导农民向地主豪绅开展不交租、不交税、不还债的斗争。1928 年 9 月被选为中共梅县县委委员，继续在梅南山区组织发动群众，建立九龙嶂革命根据地。1929 年担任中共梅县县委常委，分工到梅西、梅北等地工作。他三次进入这一地区，组织农民协会，发展赤卫队员 1000 多人。组织建立了梅西、瑶上根据地，与国民党右派开展了尖锐复杂的武装斗争。随后担任中共梅县县委书记，在梅埔丰边的九龙嶂、铜鼓嶂以及梅西铁山嶂等地坚持武装斗争。1930 年 7 月，由于共产党推行了李立三集中攻打大中城市，要“暴动、暴动、再暴动”的“左”倾错误，主力红军被调去攻打潮安。国民党右派乘机调集力量“围剿”梅埔丰边区根据地，致使根据地遭到重大损失，苏维埃地区日益缩小。在这一情况下，中共梅县、丰顺县委合并为中共梅丰县委，这年冬，叶明章担任中共梅丰县委常委，继续活动于梅埔丰交界山区。1931 年黄炎担任中共梅丰县委书记。这时，黄炎在梅埔丰边区开展了肃 AB 团的运动，杀害了共产党一大批干部群众，叶明章站在正确的一面，与之开展了针锋相对的斗争，保护了一批干部。1932 年春，梅埔丰边革命斗争进入低潮。在极端困难的情况下，经县委研究，由叶明章带一支小队伍到大埔三河活动。刚到三河即被敌人发觉逮捕，被监禁三个月后在转移梅县的途中逃脱。此时，由于梅埔丰边革命斗争已遭挫折，叶明章在找不到组织的情况下，逃到香港做工，后又回家耕田。1947 年 3 月，共产党在梅丰边重新组织队伍，开展武装斗争，叶明章又于 1947 年 6 月参加梅南游击队第九武工队，后担任中共梅兴丰华边县委委员。中华人民共和国成立后历任中共梅县县委委员、常委，兴梅地委农委书记，兴梅专区检察分署副署长，专区人民法院副院长等职。1954 年调到华南公路工程指挥部任副科长，广东省邮电局副科长、科长。1956 年 5 月—1967

年11月任省人民检察院办公室副主任。1967年12月病休。1991年7月12日逝世，终年85岁。

（杨淡钦整理）

林美南

林美南（1909—1955），笔名缪南，揭西县东园镇东桥园村人。林美南2岁丧父，家庭贫困。1924年得姑母资助，先后在五经富教会办的小学和道济中学读书。1927年初，考进揭阳榕江中学。1928年起，他开始读《新青年》《语丝》和北新书店、创造出版社的书刊，接受了许多新思想。1929年初在揭阳榕江中学毕业后，考进汕头道路工程专门学校。

1930—1933年，林美南先后在揭阳县朱竹坑、棉湖、阳夏、澄海县外砂等地小学任教。九一八事变发生后，他参加了汕头市抗议日本帝国主义侵占中国东三省①的群众大会。在这期间，他与同乡同学林英杰成立了一个秘密的社会科学研究小组，专门阅读、研究马列主义理论书籍。

1933年9月，为了寻找中国共产党，林美南来到上海。经同乡姚木天、王质如介绍，于1934年1月与地下党员林可（林山的化名）见了面，同年4月加入了中国共产党。后因叛徒告密，他在法租界镇元坊被捕入狱。他始终否认参加“反帝大同盟”，坚决不暴露政治面目。他在法庭上据理抗争，终于挫败了国民党反动派企图引渡他的阴谋，但是法租界的法庭还是判处他有期徒刑五年，减半执行，被囚禁在上海法租界马斯南路监狱。1935年7月，他被转到国民党的苏州反省院。

由于国民党反动派掌握不到他参加共产党的证据，加上抗日

---

① “东三省”指辽宁省、吉林省、黑龙江省。

救亡运动新高涨的影响，1936 年 6 月，林美南被保释出狱，离开苏州反省院，到上海暂住。此期间，他曾针对叛徒叶青发表的反动哲学论文，撰写了《论辩证法与形式逻辑》，在《东方论坛》发表，予以驳斥。他还从英文版《斯大林演讲集》中翻译了《斯达汉诺夫运动》，后被编入梁膺康编的《苏联名人演讲集》。

1936 年 8 月，林美南回到家乡，曾到潮安刘陇小学任教。后又任揭阳县建设科佐，参加揭陆公路的勘测工作。1937 年 9 月 16 日，日机轰炸榕城，激起了全县人民义愤。林美南与爱国进步的知识分子郑玲、姚木天等，于 7 月 28 日在韩祠成立了揭阳青年救亡同志会。是年 12 月，经过组织审查，中共韩江工作委员会恢复了林美南的党籍，任命他为中共榕江党支部书记。1938—1940 年，林美南先后任中共揭阳县工委书记、揭阳县委书记、潮揭县委书记、潮揭普惠中心县委副书记、中共潮（安）揭（阳）丰（顺）中心县委书记。在这期间，林美南领导了以潮汕青年抗日游击大队为主要力量的抗日武装，并在揭阳县发展了 1000 余名党员。他亲自给各种训练班上课，撰写《关于揭阳救亡工作的几句话》《陆军独立第九旅搜索大队第一中队解散宣言》，对潮汕武装斗争的开创和党的建设作出卓越贡献。1941 年 7 月，林美南任中共潮梅特委书记，9 月任潮梅特派员，开始负责潮梅地区的全面工作。

1942 年 6 月，中共南方工作委员会因叛徒郭潜告密而遭到破坏。根据上级指示，南委所辖的党组织暂停活动。1942 年冬，他化名吴瑞麟，以商人的身份，与“管家”陈权、“吴老板娘”方东平、“管家”妻子黄伟平，隐蔽在梅县的乌廖沙村，一起执行中共中央南方局书记周恩来关于“隐蔽精干，长期埋伏，积蓄力量，等待时机”的“十六字”方针，部署“三勤”工作，撤退转移了大批领导干部，使潮梅党组织基本上未受“南委事件”的牵连破坏。1944 年 7 月，原南委秘书长姚铎在重庆叛变后回到潮汕继续为国民党反动派服务，严重威胁着潮梅党组织的安全。林美南多次到留隍、汤坑一带，部署处决叛徒行动。终于在是年 11 月 12 日在揭阳榕城处决了叛徒姚铎，清除了隐患，得到党中央、南方局的高度赞扬。1944 年 11 月后，林美南从梅县转到揭阳的京溪园，与曾广、陈权、汪硕等多次研究，筹建抗日游击队。1945 年 2 月 28 日，潮汕人民抗日游击队在普宁白暮洋正式成立，林美南任队长。7 月，根据中共广东区委指示，潮汕人民抗日游击队改称广东人民抗日游击队韩江纵队，林美南任司令员兼政委。在他的领导下，韩纵先后在普宁马棚村围困日军，在德安大寨活捉日本炮兵，在陈洞径伏击日军，在潮安东风奇袭日伪警察局，打击了日伪的嚣张气焰。

抗日战争胜利后，国民党顽固派把潮汕的抗日武装诬为“土匪”，集中兵力进行“围剿”。为粉碎国民党反动派的进攻，应付严重局面，经中央批准，于 1945 年 11 月 20 日，在八乡山成立了以林美南、曾广为首的中共潮汕特委，改特派员制为党委制，统一领导潮汕党组织和部队工作。1946 年 5 月，林美南领导潮汕特委，贯彻上级指示，组织 48 名骨干北撤，宣布中共香港分局决定由曾广任中共潮汕特委书记。旋即，林美南被党组织调到设在香港的广东区党委工作，任区委委员，分管农委工作。

1948 年三四月间，香港分局和广东区党委派林美南等一批干部回潮汕，加强潮汕党组织和武装斗争的领导。8 月，林美南任闽粤赣边区党委副书记兼宣传部部长。1949 年 1 月 1 日，任中国人民解放军闽粤赣边纵队政治部主任。8 月，潮梅人民行政委员会在南山道南小学成立，林美南任主任委员。9 月，为迎接即将解放的潮汕，叶剑英、方方决定任命林美南为汕头市军管会主任。10 月，林美南与刘永生、朱曼平、铁坚、曾广、吴南生、罗天、邹瑜等在五经富召开会议，研究部署解放潮汕的行动计划。10 月 24 日，林美南随边纵部队进入汕头市。

潮汕解放后，林美南任中共汕头市委书记、市军事管制委员会主任，在医治战争创伤，荡涤旧社会污垢的战斗中成绩卓著。1950 年 1 月，林美南被委任为广东省人民政府委员会委员。12 月以后，又调任中共潮汕地委书记、潮汕军分区政委。1951 年 5 月，任粤东区党委委员兼秘书长、粤东行署办事处主任。在这期间，有人诬蔑中共潮汕地下党是“土匪党”“流寇党”，林美南用党性原则和大量事实给以批驳，指出潮汕地下党的本质是好的，是伟大的、光荣的、正确的中国共产党的组成部分。1952 年 12 月，林美南任粤东区党委副书记兼粤东行署主任。在“三反”“五反”[①] 后期，他坚持实事求是原则，清除了扩大化的严重影响。1953 年 6 月，调任广东省农林厅副厅长，兼珠江水利总局局长。1954 年 10 月，任广东省人民政府计划委员会第二副主任。

林美南生活艰苦朴素，作风平易近人。由于长期的紧张战斗生活和繁忙的工作，积劳成疾，因治疗无效，于 1955 年 11 月 26 日在广州中山医学院第二附属医院逝世，终年 46 岁。

（编委会整理）

陈仲平

陈仲平（1913—1993），原名陈维兰，福建武平县象洞人，1913 年 2 月生。1929 年，参加象洞乡农民暴动。1930 年加入中

---

① “三反”指在党政机关工作人员中开展的“反对贪污、反对浪费、反对官僚主义”运动；“五反”指在私营工商业者中开展的“反对行贿、反对偷税漏税、反对盗骗国家财产、反对偷工减料、反对盗窃国家经济情报”运动。

国共产党。1931 年 3 月，任中共象洞区委宣传部部长。同年秋，受中共武平县委白区工作队派遣，并以学生身份到广东梅县松源六甲中学开展地下革命活动，在松源重建中共支部。1934 年，接送越南革命者李班（李碧山）进入中央苏区。1933—1940 年，历任中共梅县松源、松口支部书记，梅县工委组织部部长、梅县中心县委委员兼松口区委书记、武平县委特派员等职。1940 年 2 月，任中共漳州中心县委青年队长。同年 9 月，调任中共大埔县委副书记。1944 年秋，任王涛支队政治部主任、代政委，与支队长刘永生一起率领王涛支队在闽粤边开展武装自卫斗争，打击国民党顽固势力，开仓济贫，恢复闽南乡村游击区工作。1947 年后，调任中共粤东梅埔地委副特派员、兴梅地委副书记、闽粤赣边区党委宣传部副部长兼大众日报社社长。

1949 年广东省梅县解放后，陈仲平为梅县人民政府首任县长。后调任福建省龙岩专区首任专员。1950 年，还兼任中共武平县委书记，配合解放军二五九团开展剿匪反霸斗争，从而稳定武平和全区局势。1951 年 9 月 ，陈仲平到中共中央马列主义学院（中央党校）学习。1954 年 8 月毕业后，留校担任哲学系教研室副主任，协助主任、哲学家艾思奇在教学和科研中取得显著成绩。在中央党校整风运动中，由于康生、曹轶欧的陷害，被错划为“右派分子”。1958 年 5 月，调到中共山西省委党校工作。在逆境中，他坚持共产主义信念，继续从事马列主义研究、教学和宣传工作。1970 年，下放晋西北保德县农村劳动，与群众打成一片，关心群众疾苦，努力参加生产。1975 年，调到山西人民出版社工作。对林彪集团的罪恶活动表示极大的气愤，对“左”的错误进行坚决的抵制。1978 年，他被错划的“右派分子”冤案得到彻底纠正，并调回中共中央党校任哲学教研室副主任。1980 年，陈仲平被评定为教授，1982 年离休。此后，他继续关心党和国家大事，积极参加闽粤赣边区党史、军史的编纂、审改工作。他一生主要著作有《辩证唯物主义自学提纲》《唯物辩证法讲义》《唯物主义和经验批判主义浅释》及一批革命回忆录。

1993 年 2 月 7 日，陈仲平在北京逝世。

（编委会整理）

二、革命烈士

黄恒泰

黄恒泰（1885—1927），梅县城北（今梅江区城北镇新田村三央寨下黄屋）人。1911 年参加辛亥革命，后到黄埔军校参加第三期学习和北伐战争、南昌起义，先后任连长、副营长、北伐军副参谋长、新编第十一军七十七团主任参谋兼副团长。1927 年 12 月在广东五华县安流镇攻打对镜窝战斗中牺牲，时年 43 岁。

（资料来源：《红色江山·绿色家园》系列丛书之五《浩浩梅江》，第 173 页）

熊　锐

熊锐（1894—1927），原名新寿，又名维新，号君锐，梅县城南白土乡（今梅江区三角镇新塘尾村）人。中学毕业后，先在梅县桂里小学任教员，与同事杨雪如经常深入农户，对学生进行家访，帮助学生组织读书会，启发学生树立爱国主义思想。嗣后，到汕头《大风日报》任编辑，并为《真言日报》撰写文章。

1918 年，他怀着振兴中华的强烈愿望，探索救国救民的真理，东渡日本，到东京大学留学。

1920 年他赴法勤工俭学。1922 年 2 月，周恩来从巴黎到柏林，在旅德学生中建立中共旅德支部，熊锐参加了中共旅德支部，并积极工作。他为发展壮大旅欧党团组织，经常到柏林康法街中国留法同学会与勤工俭学学生接触，与周恩来一起，介绍施益生等参加中国共产主义青年团。

1923 年 6 月，中共三大决定全体共产党员以个人名义加入国民党，在旅欧的周恩来和熊锐等人，均以个人身份加入中国国民党。同年 11 月，中国国民党旅欧执行部成立，熊锐任政治委员。在 1925 年 1 月召开的中国国民党驻德常年大会上，熊锐被选为宣传委员。

1925 年上海五卅惨案发生后，熊锐接周恩来通知，奉命回国，在广州积极进行宣传教育工作。同年底，毛泽东以国民党中央名义在广州开办政治讲习所，熊锐受聘担任教授，为培养北伐干部做了许多工作。

1926 年 4 月，熊锐任广东大学（今中山大学）专修学院社会学系副主任、教授。6 月，受全国总工会的聘请为广州劳动学院教授。该院是培养训练工人运动而设立的第一所高等学院，向各地工会领导干部介绍世界各国工人运动史，使学员们增强开展革命斗争、开展工人运动的信心。

1926 年下半年，熊锐担任中山大学文学院社会学系副主任、教授；在此期间，他在青年学生中大力宣传马克思列宁主义。

1927 年 1 月，熊锐任国民革命军第三军政治部副主任兼黄埔军校政治教官。经常与第三军军长朱培德、党代表朱克靖等商议工作，加强对部队的思想教育。

其时，陈延年任中共广东（两广）区委书记，熊锐兼任宣传委员会委员，经常到党、团员或群众大会上作报告。熊锐还兼任广州市政府市政指导员，负责指导教育方面的工作。

熊锐与周恩来、邓演达、邓颖超、萧楚女、恽代英、熊雄、孙炳文、李森、刘尔崧等联系密切。他们经常到他的住宅商谈工作。谈怎样加强国民革命军和黄埔军校的政治教育；谈有关支持省港罢工；谈宣传工作和开展工农青妇运动等问题。

1927 年上海四一二反革命政变后，广州的形势已很紧张，熊锐继续留在广州，开展向国民党右派的斗争。4 月 13 日，中共广东区委聚集在熊锐家里开秘密紧急会议。会上有两种意见：第一个主张是扯起红旗，举行武装起义。第二个主张是按照汪精卫、陈独秀的联合宣言，与国民党推诚相见，熊锐等主张第一种意见。结果，会议通过了第二种主张。

1927 年 4 月 16 日凌晨 4 时，国民党东山警察分局出动全局警察，把熊锐的住宅团团围住，进行全面搜查，结果毫无所获。后又再次出动警察，将熊锐逮捕入狱。4 月下旬，熊锐在南石头监狱被国民党当局秘密杀害，时年 34 岁。

（资料来源：《梅江区志》，第 681 页）

廖伯鸿

廖伯鸿（1895—1927），原名廖远度，又名廖镇度、廖镇，梅县城东镇石月乡（今梅江区金山街道东厢月塘面廖屋）人。1913 年进广东优级师范学校（广东高等师范学校、广东大学、中山大学的前身）。

1919 年，北京爆发五四运动，并且很快波及全国各地。广东、广西也相应掀起了学运高潮。此时，廖伯鸿按捺不住了，他毅然辞去盐务工作，回到广州母校，联络当年的老师和同学参与了这场斗争。期间，廖伯鸿有机会接触了当时广州地区学生运动的领导者，并开始阅读一些宣传马克思主义和社会主义的进步刊物，如《新青年》《向导》等，认识有很大提高，接受了革命思想。

1921 年，中国共产党成立，在党的领导下，广东地区宣传马克思主义和社会主义之风有长足发展。廖伯鸿亦先后参加了社会主义研究社和劳动者同盟这两个组织。他从学校教育入手，支持学生会主编出版的《新生半月刊》，内容偏重社会政治方面，敢于面对现实，揭露抨击当时社会的黑幕，极受师生和当地民众的欢迎。

1922 年五一劳动节，廖伯鸿大力支持彭湃发动学校师生举行纪念活动，进行示威游行。1924 年 4 月，在彭湃的亲自介绍下，廖伯鸿不久亦加入了中国共产党，同年参加中共的还有古大存、李劳工、林甦等。

1925 年 2 月革命军举行第一次东征。为配合东征，出发前中共广东区委指派廖伯鸿与杨石魂、刘锦汉、廖其清、方达史等率岭东革命同志和部分人士先走一步，东征军总政治部主任周恩来还专门指示他们，进入潮汕地区要与当地党团组织取得联系，发动群众在敌后开展斗争，策应和援助东征军。

3 月 8 日，第一次东征军进入汕头，周恩来以东江党务组织主任的身份指派廖其清、廖伯鸿、杨石魂等负责筹建国民党汕头市党部。5 月 31 日，市党部正式成立，廖其清、廖伯鸿、宋青、杨石魂等出任市党部执行委员，廖伯鸿具体负责秘书长工作，配合中共党团汕头特支领导发展潮梅国民党组织和民众运动。那时，正是国民党左右派斗争激烈之时，共产党人参与其中，秘密与危险兼具。廖伯鸿等在国民党市党部只能以灰色面目出现，为了统一领导，廖伯鸿经常直接请示当时担任东江各属行政委员公开身份的周恩来，得到周恩来的关心和支持，既使秘密掩护中共党团工作做得隐蔽安全，又使公开的市党部工农各项运动得到广泛深入的开展。

广东潮汕地区国民革命运动的迅速高涨，引起了国民党右派和反动势力的极大恐惧和仇视，国民党反动派在叛变革命前夕的

1926 年 11 月先抓捕了工人部长杨石魂，接着又撤去了李春涛《岭东民国日报》社长的职务，他们亦企图逮捕廖伯鸿，却未能找到适合的机会。1927 年 4 月，蒋介石发动了四一二反革命政变，局势变得紧张。4 月 14 日，汕头驻军反动的潮梅绥靖主任何辑伍，借口解决澄海县农军教练被害问题，通知汕头市中共党组织负责人前往警备司令部商处。党组织即派出廖伯鸿、李春涛、梁德明前往。他们到司令部后即遭逮捕。当晚，国民党市党部、总工会等机关亦被包围，被捕 100 多人。廖伯鸿等在敌人严刑拷打面前，大义凛然，坚强不屈。4 月 27 日深夜，国民党反动派竟把他们装进麻袋，用刺刀刺死后，抛进汕头石炮台前的大海里。廖伯鸿英勇牺牲时，年仅 33 岁。

（资料来源：《梅州史话》，廖金龙整理）

杨雪如

杨雪如（1897—1932），又名弘、雪夷、奕泉，梅城东街（今梅江区金山街道下市杨桃墩）人，早期中共梅县地方组织主要领导人之一。他少时丧母，其父以卖豆腐为业，家庭生活贫困，在他的要求下，全家节衣缩食，送其到学校读书。1914 年小学毕业后考入梅州中学。在学期间，他学习勤奋，成绩优异，喜爱看进步书籍。1918 年秋毕业后，先后在桂里小学、启化学校任教，与同事熊锐等组织读书会，介绍进步书刊给学生阅读，鼓励学生关心时事政治。1921 年到上海大学半工半读，阅读了大批宣传马克思主义的进步书刊，积极参与反帝爱国运动，同年加入中国共产党。

1925 年初，杨雪如回梅县任桂里小学副校长，期间进行革命活动。他开办夜校，教工人、妇女读书识字，向学生报告国际、国内时事，教唱《国际歌》《少年先锋队队歌》。还不惜卖掉家中两间房屋，将所得6000毫洋（以前广东、广西等省通行的本位货币）全部用作革命经费，曾一度去印尼侨胞向募款，作为桂里小学建校之用。同年12月，在第一次国共合作期间，任梅县教育局督学，他利用巡视各乡村学校之机，到处宣传革命，建立教师联合会，推荐《中国青年》《青年先锋》《创造》等进步刊物给教师阅读，从中发展一批思想进步的教师入党。

1927年5月12日，梅县举行武装暴动，杨雪如为暴动领导人之一。事败后赴武汉。6月底，奉中共两广特别委员会书记彭湃指示，回兴梅工作。是年冬，任中共梅县县委组织部部长。1928年6月中共梅县县委改组，杨雪如到基层。不久，调中共东江特委任特委委员。1929年夏，由中共东江特委派往江西中央局汇报请示工作。回梅时，引带朱德率领的红四军来梅，于10月25日进占梅城。杨雪如积极帮助红四军筹款筹粮和解决物资供应等问题。红四军撤出梅县北上江西之后，到处是白色恐怖，他不得不转入秘密活动，经常化装奔走于梅城、梅南、九龙嶂、铜鼓嶂、明山和丰顺、大埔、五华、蕉岭等县。1931年冬，中共梅丰县委书记黄炎犯肃反扩大化严重错误，杨雪如奉中共东江特委之命在梅县检查工作和弄清问题，在梅城西郊中高峰高田塅熊屋侧坟地召开会议，由于叛徒告密而不幸被捕，被投进梅县监狱。在审讯过程中，他拒绝国民党政府当局的利诱，经受严刑拷打，始终坚贞不屈。他说："共产党人为革命不惜牺牲自己一切，既然知道我是共产党，要杀就杀，不必来这一套！""杀了杨雪如，还有后来人，革命事业一定胜利！"1932年春，杨雪如被国民党政府当局杀害于梅城北门岗刑场。临刑前高呼"打倒帝国主义！打倒国民党反动派！中国共产党万岁！"等口号。牺牲时年仅36岁。

（资料来源：《梅江区志》，第684页）

林森端

林森端（1899—1928），又名奕青、五木，1899 年出生于梅县梅城凌风东路（今梅江区金山街道）人，自幼聪明敏慧，记忆力很强，所读过的书即能牢记。当他在中学念书时，正值五四运动后新旧文化交替，新思想与封建思想剧烈斗争，爱国主义和崇洋思想在交锋，马列主义在兴起的时期，一时分不出谁是谁非，思想上非常苦恼和混乱。为了弄清是非，各派的书刊他都买来认真阅读，如《战争与和平》《新青年》等。从而使他坚定了共产主义信念，从此，他一改过去的自命清高，开始与广益、东山等中学的进步学生交往起来。

1925 年 3 月下旬，第一次东征军胜利到达梅城，先到的是建国粤军第二师，师长张民达，参谋长叶剑英。大元帅府任命张民达兼任梅县绥署督办，叶剑英任梅县县长，并由师政治部派李之龙、洪剑雄等到各学校宣传，开展革命工作。4 月 12 日东征军总政治部主任周恩来与俄国顾问加伦将军等率学生军教导团和政工人员由兴宁来到梅县，15 日在东较场召开了庆祝东征军胜利大会。周恩来作了重要演说，阐述了国民革命的任务是推翻三座大山，建立独立富强的国家，号召民众起来参加革命等等。林森端热情地参加了大会，并于会后找李仁华、肖向荣、卢其新等到他家坐谈，准备一起行动参加革命。可惜这次东征军在梅县驻军只有一个多月，5 月间便因杨希闵、刘震寰的叛乱，回师广州讨伐去了，原退在赣南的林虎反动军的残部又回占梅城。林森端并不气馁，反与各校的进步学生团结得更加紧密。林森端与东山中学、学艺中学、乐育中学、女子师范、县立师范、广益中学、嘉应大学、梅州中学等学校的学生并肩行动，参加了实际斗争。

同年 11 月初，第二次东征军又胜利来到梅城，全城万人空巷出迎东征军。林森端和各校进步学生更为高兴，均主动到军队里去请教解决疑难问题及参党参团的问题。12 月，林森端参加入了共青团，被分派发展嘉应大学和广益中学的团员。经过林森端的努力工作，终于在 1926 年春发展了一批团员，建立了嘉应大学、广益中学的团支部，并由他直接领导。

1927 年四一二反革命政变后，梅县党团组织合并成立武装斗争委员会，森端此时负责工人的文化、思想教育。他很好地完成了党交给他的任务。

同年 8 月 1 日南昌起义，9 月由周恩来、贺龙、叶挺、朱德等同志率领的起义军进抵广东的三河、大埔、潮汕一带，梅县县委按上级指示，通知各地党团组织和武装部队发动群众，全力支援起义军。林森端接到通知后，即向隆文、尧塘、桃源各级党团组织传达，并派人去三河坝见朱德，请求指示，该人回来时除将朱德的意见转告森端外还带回很多起义军的布告及宣传品。

同年冬，上级决定大畲和上井的工农武装合并成立工农讨逆军第八团，李啸为团长，王之伦为党代表，调林森端到县委工作。这时的县委书记是李桃彝，组织都长杨雪如，宣传部长王之伦，委员有肖文岳、陈甦赤等。林森端除县委的日常工作外，专负责协助秦元邦恢复被反动派封闭的东山中学、学艺中学、嘉应大学三校。

1928 年 4 月，中共广东省委派杨广存回梅县改组县委，准备接替李桃彝县委书记职务。28 日晚，县委在梅县城郊扎田唐润元家中县委临时办事处召开扩大会议，林森端也参加了会议。会后，林森端与杨广存住在唐润元家继续商谈工作。但是，由于县委在扎田的临时办事处早已被国民党梅县特务机关注意，29 日凌晨 4 时，国民党特务麦仲南带反动武装包围了唐家，林森端与杨广存、唐润元等人不幸被捕。

在狱中，林森端受尽各种酷刑，被打得遍体鳞伤，体无完肤。但是，他坚贞不屈，痛斥国民党反动派的昭彰罪行和卖国残民的劣迹。5 月5 日凌晨，林森端与杨广存、唐润元一起被国民党反动派用箩筐抬到东较场枪杀。面对敌人的屠刀，他们脸不变色，大义凛然，不断高呼："中国共产党万岁!"为了党的事业从容地献出了宝贵生命，森端牺牲时年仅30 岁。

（资料来源：王勉、林旺秀文章，古锡桧整理）

林一青

林一青（1900—1928），又名萌安、敏四，梅县白宫（今梅江区西阳镇白宫阁公岭村）人。是早期中共梅县县委领导人之一。他生性聪敏，勤奋好学，富于进取，先后就读于立本小学、西阳中学、梅县东山中学和上海南洋中学，后往毛里求斯和香港从商，因不合志趣，不久弃商返乡。

林一青喜欢体育运动，尤善游泳。有次白宫河水暴涨，他不怕危险，下河打捞了一批桁桷木料，送给本村学校，建起一间能容80 人的教室；1921 年9 月间，林一青随母由汕头乘船返家，船至丙村晒禾滩撞石沉没，他不顾个人安危，多次从窗口爬入船舱把人数出，最后才救出母亲。由于其母年老体弱，溺水过久，抢救不及而离开人世。林一青这种无私无畏，先人后己，奋身救人的美德，至今仍为人所传颂。

1923 年6 月中国共产党第三次全国代表大会之后，实现国共两党第一次合作，革命形势日益高涨。1925 年广东革命政府东征军两次来梅县，建立中共梅县地方党组织，工农运动蓬勃开展。在家的林一青，受革命思潮影响，经常阅读进步书刊，懂得了许多革命道理。1926 年春任白宫立本小学校长时，他聘请一批进步教师，在学生和群众中宣讲革命道理，并开办妇女夜校，宣传妇女解放，发动妇女破除迷信，剪短发，提倡男女平等。同年暑期，中共梅县特支为发展农村党组织，开办农村小学教师训练班，林一青参加学习，同期加入中国共产党。8 月，教师训练班结业，成立梅县小学教师联合会，林一青任负责人。回到白宫后，他以教师的身份在学校和西阳、白宫圩公开宣传革命，并经常深入到边远山区明山、嶂下、下黄坑、三乡一带活动。

1927 年上海四一二反革命政变发生后，为反对蒋介石的大屠杀，林一青参加了中共梅县部委领导的“五一二”武装暴动。5 月13 日成立梅县人民政府，他当选为人民政府委员。7 天后，因反动武装反扑，林一青等只得转入农村，继续开展活动。1927 年冬，中共梅县县委员会成立，林一青任县委委员。翌年 12 月 18 日晚，他与林超森等在白宫圩巷口街逸安俱乐部召开秘密会议，被乡治安委员会头子探悉，密报国民党梅县县政府，遭县警两个中队近 200 人围捕。林一青为掩护同志脱险，同县警进行搏斗，终因寡不敌众而不幸被捕。在狱中，敌人软硬兼施，欺骗利诱、严刑拷打，他始终威武不屈，表现出共产党员视死如归的大无畏精神。12 月 22 日凌晨，林一青于梅城东较场英勇就义。年仅 29 岁。

为纪念革命先烈，白宫镇人民政府于 1985 年 2 月在白宫中学侧红岃岗上建西阳、白宫烈士纪念碑一座，镌刻林一青等 40 多位在各个革命时期牺牲的烈士英名，供人们瞻仰。

（资料来源：《梅县志》，第 1121 页）

杨广存

杨广存（1901—1928），又名文乔，字粤群，号志宁、致能，梅县梅城西街（今梅江区西郊街道）人。出身于教育世家，祖父亮生，清代举人，曾任黄遵宪的家庭教师。

杨广存自小学习勤奋，成绩优异。1914 年在县立第一高小毕业后，考入梅州中学。时值第一次世界大战期间，他目睹帝国主义列强欺凌祖国，感到无比愤慨，积极投身于反帝反封建运动。1919 年秋杨广存高中毕业后，考入北京大学经济系，时李大钊等人在北大师生中传播马列主义，他经常与李大钊联系并加入马列主义研究小组，学习马列著作和研究中国社会问题。1923 年杨广存在北大加入中国共产党，为早期的梅县籍共产党员之一。他在中共北大支部领导下，负责北京进步报刊《晨报》副刊编辑，积极从事革命活动，经常深入农村、工矿进行宣传鼓动，组织群众进行革命。他还经常写信给家人宣传革命形势，分析人民生活痛苦原因，勉励他们努力学习，争取进步。

1926 年，杨广存参加由李大钊等人领导的北京学生、群众要求段祺瑞执政的北京临时政府决绝英美等八国最后通牒的请援斗争，遭到段祺瑞的血腥镇压，发生“八一三”惨案。事后，段祺瑞到处通缉逮捕爱国学生。为免遭敌手，杨广存于是年 6 月回到梅县，任《梅县日报》及《梅县公署月刊》编辑主任，亲自撰写文章，深入浅出地宣传马列主义，报道俄国十月革命经过，号召梅县人民“做一个勇敢的革命者”。是年冬，任中共梅县特别支部宣传干事。1927 年 1 月中共梅县特支升格为部委员会，杨广存改任部委委员、宣传部部长，后受命到平远发展中共组织，通过嘉应大学教师陈志莘的介绍，到平远中学任教务主任。他以职业为掩护，秘密进行革命活动，在平远中学建立中共支部，由他兼任支部书记。

1927 年 5 月，杨广存回到梅县参加武装暴动，为暴动领导人之一。失败后，随队伍撤至农村。9 月初随八一南昌起义部队到汕头，后经香港至广州，参加 12 月 21 日的广州起义。后又至香港，在省委宣传科工作。

1928 年 4 月，中共广东省委派杨广存回到梅县改组中共梅县县委，28 日晚，在梅县城北扎田村唐润元家主持召开县委扩大会议。29 日凌晨 4 时，突遭国民党梅县警察局便衣队包围，杨广存等人被捕。在审讯过程中，国民党当局多次进行欺骗利诱，严刑拷打，而杨广存回答的只有“共产党好”“共产党必然胜利”。其父曾设法进行营救，但他在狱中寄语说：“手已断，足已折，体无完肤，已无生还希望，不必营救，救亦无益。我今为革命而死，死亦光荣。”

1928 年 5 月 5 日，遍体鳞伤的杨广存被国民党当局用箩筐抬到东较场，与林森端、唐润元一起被杀害。就义前，杨广存大义凛然，高呼“中国共产党万岁！”时年 28 岁。中华人民共和国成立后，梅县人民为纪念他，将他童年就读的学校改名为广存小学，其遗骸也于 1976 年清明节迁葬在南口革命烈士公墓。

（资料来源：《梅江区志》，第 689 页）

叶浩秀

叶浩秀（1903—1928），字翰如，梅县城南（今梅江区梅塘宫前村）人。小学毕业后，考进东山中学读书，因品学兼优，连任学生会会长。民国 12 年（1923 年）毕业后被保送到广州高等师范学校英语部就读。在学期间，他努力攻读专业知识，追求革命真理，在广东新学生社创建人蓝裕业的帮助下，于 1924 年先后加入新学生社、共青团，被选为广东高师新学生社负责人。1925 年参加中国共产党，任中共广东大学（后改中山大学）支部委员，参与领导该校进步学生公开揭露戴季陶及其所支持的右派学生的丑恶行径，进一步壮大进步力量，党团员由 70 多人发展到 200 多人，并成立中共广东大学总支部，叶浩秀被选为书记。之后，调中共广东区委工作，任书记陈延年的秘书。

1927 年初，叶浩秀调任中共广宁县委书记。工作期间，他积极发展农会，组织农军，主办小学教师养成所，培养革命骨干。上海四一二反革命政变后，广州发生“四一五”反革命大屠杀，叶浩秀在广宁向党员传达中共广东区委指示，成立非常委员会，指挥广宁农军，配合北江各县工农军，准备进攻广州，后因形势急剧变化，计划未能实现，遵照上级指示，叶浩秀去香港汇报工作。11 月任中共广东省委潮梅党务巡视员，到潮梅各县指导工作，恢复和整顿党的组织，建立工农武装。

1928 年 1 月，叶浩秀改任中共东江地区特派员，主持中共东江特委工作。2 月 9 日，在汕头主持东江、潮梅地区县委书记联席会议时，因叛徒告密，被国民党政府军警包围，20 名中共县、区负责人被捕。叶浩秀则在与军警搏斗后跳楼壮烈牺牲，年仅 26 岁。

（资料来源：《梅江区志》，第 692 页）

朱云卿

朱云卿（1907—1931），原名云，字国声，梅县梅城上市（今梅江区西郊街道上市油罗街）人。幼年失去父母，由祖母抚育成人。1915 年在梅城洪家祠求实学校念私塾，1919 年秋，以优异成绩考入梅县县立高等小学。校长杨捷，是五四运动后广东高级师范学校的毕业生，思想进步，常以陈独秀、李大钊创刊的《新青年》作为宣传十月革命和马克思主义的读物，要求每个学生背熟《敬告青年》一文。国文老师庄敬民也时常给学生讲五四运动、十月革命等的情况，向学生灌输爱国主义和革命思想。这激发了朱云卿的爱国热情。

1924 年，孙中山在中国共产党的帮助下，召开中国国民党第一次全国代表大会，决定实行“联俄、联共、扶助农工”三大政策，创办黄埔军校。朱云卿在印尼万隆听到这个消息后，非常高兴，他觉得这是把爱国热情变成报国之行的时机，便瞒着亲人，自筹路费，于是年 12 月回到广州，报考黄埔军校，成为第三期步兵队学生班的一员。在黄埔军校，他刻苦学习军事知识，努力学习周恩来等讲授的革命理论，研读马列著作，受到周恩来的赞扬。这年，他加入中国共产党。1926 年 1 月，朱云卿在黄埔军校毕业后，留在省农民协会军事部工作。10 月间，受中共广东区委的委派，前往韶关，担任中共北江特委委员，负责主办北江农军学校。

1927 年 2 月，北江农军学校第一期学员毕业。接着，他又招收第二期训练班学员 100 人。

1927 年上海“四一二”反革命政变发生后，又在广州策划了“四一五”清党“反共”运动。中共广东区委按中共中央指示，对全省农军作了紧急部署。朱云卿接到指令后，带领北江农军学校学员开往南雄县，继续进行训练。4 月 16 日，广东区委指示，迅速集结北江农军北上武汉，以革命的武装反对反革命的武装。4 月 21 日，分在曲江、英德、乐昌、南雄、仁化、始兴、清远等县的农军学校第一期学员和各县农民自卫军及铁路工人纠察队共 1200 多人汇集韶关，挥师北上，成立广东东江农民自卫军北上总指挥部，周其鉴任总指挥，朱云卿任参谋长。后这支部队继续北上，于 1927 年 6 月 15 日到达武汉。在武汉，他担任农政训练班主任，培训一批农民运动骨干。

1927 年 9 月 9 日，朱云卿参加毛泽东领导的、震撼全国的秋收起义。9 月 29 日，秋收起义的部队在三湾改编为中国工农革命军第一师第一团，朱云卿任团参谋长，并随部队进入井冈山。

1928 年 5 月 4 日，朱德、陈毅领导的南昌起义余部在宁冈同毛泽东领导的秋收起义部队胜利会师。正式成立红四军之后，朱云卿担任红四军三十一团团长。在龙源口战役中，歼灭赣军 1 个团，打垮赣军 2 个团，缴获枪支 1000 多支，子弹数万发。这是红军成立以来最大的胜利，为巩固和发展井冈山革命根据地作出了贡献。

1928 年 7 月，江西的国民党军第六军第六团、第三军五个团分别由安福和吉安进犯永新，毛泽东亲自指挥红四军三十一团反击国民党军的进攻，组织中、东、北路行动委员会。朱云卿担任中路行动委员会指挥，将 11 个团的敌军围困在永新县城附近 15 公里内达 25 天之久。

1928 年 8 月下旬，毛泽东率领 1 个营的兵力离开井冈山到桂东迎接红军大队，朱云卿和党代表何挺颖带领三十一团一营留守井冈山，湘军吴尚勾结赣军王均，纠集 4 个团兵力，分两路向井冈山根据地进攻。朱云卿等组织军民共同作战，在井冈山黄洋界粉碎了敌军的进攻，湘军吴尚连夜逃回湖南，赣军王均闻吴尚惨败，亦吓得慌忙逃窜，红军取得了井冈山保卫战的胜利。

1929 年 1 月 14 日，朱云卿跟随毛泽东、朱德、陈毅率领的红四军主力离开井冈山，向赣南、闽西进军。在毛泽东、朱德亲自指挥的大柏地、长岭寨等战斗中，朱云卿带领三十一团担任主攻任务，立下了战功。3 月间，红四军在湖南长沙整编，把原来的建制改为纵队建制后，朱云卿任红四军参谋长。他积极为毛泽东、朱德当好参谋，为发展壮大工农红军，建立和巩固闽西、赣南中央革命根据地作出不懈的努力。

1929 年 12 月下旬，中国共产党红四军第九次代表大会在福建上杭古田召开，朱云卿出席了会议，他坚决拥护中共中央 1929 年 9 月 28 日的来信（即《中共中央给红军第四军前委的指示信》），积极支持毛泽东的正确意见。古田会议后，他认真贯彻古田会议决议，使红四军上上下下在思想上、政治上、组织上得到整顿，战斗力空前提高。

1930年6月下旬，中国工农红军第一军团在福建长汀县南寨广场成立，毛泽东任军团政委，朱德任军团长，杨岳彬任军团政治部主任，朱云卿任军团参谋长。8月，红一方面军在湖南永和成立后，朱云卿调任红一方面军参谋长兼红一军团参谋长、红四军参谋长。在这期间，他负责主持起草所部战役战斗计划，并组织实施。

1930年底，蒋介石集结兵力向中央革命根据地发动第一次“围剿”，朱云卿坚决站在毛泽东一边，抵制立三“左”倾冒险错误，执行毛泽东提出的“诱敌深入”“退却到根据地作战”的方针，组织部队行动。红军主力回师到宁都县黄陂、小布一带后，红军总部设在赤坎村龚家祠，朱云卿和毛泽东同住一间房，经常和毛泽东、朱德等领导人一起分析敌军动向，研究兵力配置，部署龙冈战役。在首战龙冈前夕，敌情突变。朱云卿果敢机智，在行军途中指挥部队投入战斗，使红军全歼张辉瓒师师部和两个旅，彻底粉碎蒋介石策划的第一次“围剿”。

1931年3月，中华苏维埃中央革命军事委员会总参谋部成立，朱云卿任代理部长。3月7日，为争取第二次反“围剿”的胜利，朱云卿发布《中央革命军事委员会总参谋部通令》（第1号），通令要求根据地武装积极做好应战准备，争取更大胜利。4月17日，苏维埃中央军委发布通令，决定成立红军战史编辑委员会，指定叶剑英等13人为编辑委员会委员，叶剑英为总编辑，朱云卿为战史部主任，郭化若为杂志部主任，左权为编辑部主任。朱云卿主持编写关于游击战十条原则的通令，提出扰敌、堵敌、截敌等方法，丰富了红军游击战的基本原则。

1931年5月初，红军正处于第二次反“围剿”时期，至5月15日，红军横扫700余华里，打到中村附近时，朱云卿因临时大病，住进江西吉安东固附近的红军后方总医院。16日在医院中不幸被国民党特务杀害，时年 24 岁。

（资料来源：《梅江区志》，第 695 页）

黄　芸

黄芸（1916—1942），原名景隆，曾用名黄雨凝、黄景，笔名激流，梅城西区（今梅江区西郊街道黄泥墩）人。出身于店员工人家庭。父亲黄浩兴是店员工人；舅父杨广存是革命烈士，梅县早期的共产党员之一。黄芸从小受革命先辈思想熏陶，喜看进步书籍，12 岁参加共产主义儿童团，13 岁因家贫辍学，先在梅城当学徒，后随其父去印尼，在裁缝店当学徒。1934 年回梅城。1935 年秋，在梅县民众教育馆任助理员，团结一批进步青年，进行抗日救亡运动，组织海燕剧社、强民体育会、梅县民众歌咏团等进步团体，为唤起民众团结抗日做了大量的宣传鼓动工作。1937 年 2 月，黄芸加入中国共产党，积极从事革命活动。同年 6 月，被国民党梅县县政府拘留 17 天。出狱后，受党组织之命，在城东潮塘学校以教书为掩护，继续进行活动，积极动员青年学生参加抗日救亡运动。同年 12 月，任中共梅县中心县委宣传部部长，与黎邦、王芝祥等在梅县各中小学师生、店员、职工中发展中共党员，组建中小学党支部、行业支部，为抗日救亡运动的蓬勃发展，培养了大批骨干力量。

1938 年，黄芸以梅县抗日游击根据地代表身份参加福建龙岩白沙干部训练班学习，结束后仍回中共梅县中心县委任宣传部部长。同年 8 月，到兴宁找李戈伦联系工作，途经径心时，被当地国民党乡警逮捕，押解兴宁监狱，经组织营救出狱后，调中共大埔县委工作。1939 年八九月间，任中共饶埔丰县委组织部部长，12 月任县委书记。1940 年春，恢复中共大埔县委，任书记。1941 年春，任中共埔南县委书记。五六月间改委员制为特派员制，调

“南委”任联络员，在国民党反动派的白色恐怖下，他不顾个人安危，经常奔走于基层指导工作。是年12月13日，黄芸往埔南，从湖寮路过双坑口时，遇国民党政府军队，来不及绕道而不幸遭捕。次日，被押往大埔，途经湖寮，正逢圩日，他慷慨激昂地向群众高呼“人民大众团结起来，打倒日本帝国主义！打倒投降派！最后胜利属于人民！”的口号。黄芸被捕后，中共地方组织多方进行营救，均未成功。在狱中，他虽受尽各种酷刑，但坚强不屈，始终未吐露党的机密。1942年1月21日晚于大埔茶阳狮子口就义，时年27岁。

（资料来源：《梅江区志》，第701页）

梁铮卿

梁铮卿（1918—1951），广东梅县白土乡（今梅江区三角镇）人。1937年加入中国共产党。1936年9月，就读梅州中学高中部。根据党组织的决定，1939年9月转学到东山中学就读高二，任中共东山中学第一支部书记，1940年夏撤离梅县离开东山中学，转移到江西赣州继续求学。1941年10月考入广西大学畜牧兽医学系，1945年7月毕业留校任助教。1947年“六·二”大游行后发生七月事件，其接到党组织的通知撤离西大，到台湾从事地下工作，为中共台湾省工作委员会台中市委直属支部书记。1950年初，中共台湾省工委遭到严重破坏，工委主要领导人被捕。3月29日，台中市警察局又在台中市破获了所谓“匪华东局潜台组织梁铮卿等叛乱案”，梁铮卿被捕。不久，他被作为重要政治犯，从台中押解到台北监狱。在狱中，梁铮卿大义凛然，面对敌人的严刑拷打，始终咬紧牙关，立场坚定，绝不变节，不吐露半点党的秘密；敌人软硬兼施无一奏效，梁铮卿泰山压顶不弯腰的英雄气概，充分体现了共产党员坚贞不屈、视死如归的高尚品格。1951 年 1 月 24 日，在台北市郊的乱葬岗刑场被秘密杀害后，葬于六张犁公墓，时年 32 岁。

梁铮卿同志为了祖国的统一、为了振兴中华、为了中华民族伟大复兴奋斗终生，血染宝岛。1997 年 4 月 7 日被中央人民政府追授为“革命烈士”，他的精神不死，青史永垂。

（资料来源：《红广角》2012 年 12 月，第 35 页）

熊秋魂

熊秋魂（1918—1975），原名念敦，又名秉超、苏平，城南白土乡（今梅江区三角镇泮坑村桃树下）人。儿时在本村泮香学校读书，读六年级时，因不满老师打骂学生，没有毕业便离开学校。

1931 年秋，年仅 13 岁的熊秋魂便跟堂叔到泰国曼谷打工，因不满老板的欺凌、剥削，1936 年便返国回到家乡。1937 年 7 月，在家乡积极参加抗日救亡运动，组织剧社，进行抗日宣传。1939 年 4 月加入中国共产党。同年 6 月，任党支部书记。1940 年 1 月任中共水白总支书记，1939 年下半年至 1940 年上半年在大坜口化育小学任教，从事地下工作。在此期间，中共闽西南潮梅特委机关从福建的闽西迁来梅县，特委书记方方率机要秘书等 4 人住在熊秋魂家中，说是他在泰国曼谷的朋友，因家乡潮汕沦陷而来暂时避难和养病。

1940 年 6 月，熊秋魂调任梅县城区宣传委员，8 月，调任中共屏白总支书记，并转到白渡龙州小学任教。1941 年春，调任中共梅县附城区委书记、县执委。是年 10 月，党组织由委员制改为特派员制，他任梅县附城区特派员。1942 年 4 月调揭阳县任副特派员。1943 年秋，转到东江地区的连平县、河源县教书，并寻机参加东江纵队。1944 年夏在东江纵队青年干部培训班学习，学习期间，他设法找原来的党组织证明恢复组织关系，到结业时仍未找到，只好由指导员张江明介绍兼监誓人，办理重新入党手续。1944 年 10 月在东江纵队政治部任民运科员，因日军进攻，机关精简人员，调到二支队政治处任民运干事。1945 年 1 月，任二支队政治处青年干部培训班主任，3 月晋升为二支队第五大队政治委员，5 月又调任江北二支队一大队政治委员，9 月调任江南指挥部政治部组织科科长。1946 年 7 月，他随东江纵队撤至山东烟台，任卫生处教导员。1947 年 5 月，任东江纵队教导队第二团组织股股长，后任命为留守处主任，8 月，改任行政科科长。1947 年经张英、吴舒华、古关贤等证明和华东军政大学第五总支的审议、两广纵队党委决定，承认他的最初入党时间和恢复他的全部党龄。1948 年任留守处大队长。同年冬任两广纵队司令部协理员。1949 年 6 月任两广纵队第二师政治部宣传科科长。是年南下广东，奉令收编国民党一五四师为两广纵队独立师，任独立师第三团政治委员。1950 年任广东番禺县大队政委。

熊秋魂在解放战争时期，曾参加莱芜战役和淮海战役，荣获三级独立勋章和解放勋章。

中华人民共和国成立后，1950 年 10 月任中南军区海军海岸炮兵团政治处主任。1951 年 10 月任中南军区海军后勤部黄埔造船厂政委。1954 年任海军南海舰队舰船修理部副部长。1955 年授少校军衔，1958 年晋升中校，1960 年晋升上校，正师级军官。

“文化大革命”期间，他受到江青反革命集团迫害。因积劳成疾，医治无效，于 1975 年 7 月 20 日在广州南海医院逝世，终年 58 岁。1975 年 12 月 23 日，中国人民解放军南海舰队政治部决定，追认熊秋魂为革命烈士。

（资料来源：《梅江区志》，第 704 页）

熊兰英

熊兰英（1925—1947），女，又名熊芬，梅县泮坑（今梅江区三角镇泮坑村）人。出生于印度尼西亚。幼年时，其父母携她返国，3 岁，卖给东郊芹黄村一农家当童养媳。10 岁时，离芹黄回泮坑，被同村表姐梁春娇收为义女。

抗日战争爆发后，梅江泮坑村在中共梅县地方党组织领导下开办夜校，熊兰英上夜校读书，并积极参加抗日宣传活动，1940 年 4 月加入中国共产党。1941 年秋，由附城白土乡中共组织负责人彭碧琴介绍到小学任教，先后在潮塘小学、白宫立本小学、丙村镇小学和泮坑小学当教员。任教期间，除搞好教学外，还不断搜集情报，开展革命活动。

1944 年春，由中共党员王诚介绍到英德石牯塘乡中心小学任教员。同年夏，参加东江纵队，任增龙博独立第三大队文化教员，后在福田、响水、横河、东铺一带地下交通站负责增龙博独立第三大队与东江纵队司令部、政治部之间以及兄弟部队的通信联络工作。1945 年夏，调任龙溪结窝村秘密交通站站长。在龙溪，积极发动群众，开辟革命联络点。是年 9 月，驻东莞桥头的国民党政府军围攻结窝交通站，她带领交通站人员在山头灌木丛中与之展开战斗，终因寡不敌众而不幸被俘，拘押于东莞桥头镇。1947 年在惠州惨遭杀害，临刑高呼“共产党万岁!”，时年 23 岁。熊兰英牺牲后，东江纵队主办的《前进报》刊登她在敌人面前威武不屈、壮烈就义的事迹，歌颂她为革命不怕牺牲的精神。

（资料来源：《梅江区志》，第 705 页）

三、革命烈士英名录

（一）第一、二次国内革命战争时期

城 北 镇：唐润元　曹木胜　谢碧青　黄恒泰　张石松
李镜泉　饶凤翔　李济凯

三 角 镇：邓汉兴　刘金水　熊　锐　叶浩秀　叶炳秀
程焕文　温盛刚

长 沙 镇：叶秋城　刘尚贤　侯亚凤（女）　古亚梅
苏树源　郑仕香（女）　叶品章　叶铭兴
陈质秀　叶阿鼎　张　麻（女）　钟亚双（女）
黄桃荣　陈凤娇（女）　叶炳兴　何宝华
叶新奎　黎玉财　梁伯兴　钟银华　吴梅祥
林典云　林昔基　郑昔灵　林注文　梁勤新
吴棣祥　胡亚荣（女）　廖才兴　钟　毓
林敬云（女）　邓正荣　卢亚桃　郑吉麟
叶廷章　卜捷妹

西 阳 镇：卢木生　丘福振　丘廉文　丘唐文
梁兴妹（女）　丘菊妹（女）　李祥昌　丘学新
丘汉平　丘　青　李相林　李运松　李添泉
邓品隆　张松兴　丘仅妹（女）　陈胜康
李锦昌　廖远妹（女）　钟志秀　钟洪祥
程禄桂　李景林　林一青　黄贵兰

西郊街道：熊　鑫　杨广存　朱云卿

江南街道：叶艳举

金山街道：梁德明　林　觉　郭瑞芳　宋贞标　陈燮元
廖伯鸿　叶奕银　侯招新　杨雪如　林森端
钟轩云

（二）抗日战争时期

城 北 镇：李济尧

三 角 镇：侯艳芳

长 沙 镇：李蕴生　吴乔祥

西郊街道：邹来辉　黄　芸

金山街道：王长胜

（三）解放战争时期

城 北 镇：李裕能　林仁康　朱越昌　池兴康　肖荣琪

三 角 镇：叶迪生　钟展云　熊兰英（女）　熊茂添
梁铮卿

长 沙 镇：叶锦超　叶火兴　许水兴　林楚宏　叶晓芳
梁淼恩

西 阳 镇：江　河　林玄德　李　伟　丘　勇　杨光海
林照生　林超桂　林超炬　邹焕兴　黄兰桂（女）
林　敏　杨基灵　李懋呈　李礼仁

西郊街道：李桃粦　梁觉民　梁伟成　罗洪宗

江南街道：廖铭先　丘湘伦　严　明

金山街道：黄炎寿　潘　竹

（四）社会主义建设时期

城 北 镇：刘子芳　杨三贤　宋尚贤

三 角 镇：李　清　熊南始　熊德昌　梁德胜　蓝镜昌
侯伯礼　侯富生　熊秋魂

长 沙 镇：张洪兴　陈道平

西 阳 镇：丘禄贞　李番文　伍云才　李继明
吴舒华（女）　饶连长

西郊街道：刘　芳　林书庭　彭洪发　黄恩名　徐益曾

江南街道：叶金进

金山街道：张光新　邹怀光　刘睦章　杨培昌　徐明光
　　　　　张　煌　熊　德　李卜辉　黄均汉　李团伦
　　　　　伍化云　林　广

（资料来源：梅江区民政局优抚股）

第二节 革命遗址和文物

一、革命遗址

周恩来演讲旧地——东较场

东较场位于梅州城区江北，占地面积3000平方米。1925年4月12日，中国国民党陆军军官学校（简称“黄埔军校”）政治部主任周恩来率政治部工作人员和部分军校学生军由兴宁乘船抵达梅城，15日上午，在东较场召开附城各中学师生、工会、商会和农民等数千人参加的群众大会，周恩来冒雨赶到会场并作演讲，向青年学生和社会各界人士宣传革命思想、孙中山的新三民主义、国内外形势、苏联十月革命经验和东征意义。

东较场

梅州公学旧址——东山书院（东山中学）

东山书院位于梅州市梅江区金山街道龙丰村，始建于清乾隆十一年（1746 年），为嘉应州知府王者辅所建。清光绪三十年（1904 年），爱国诗人、外交家和教育家黄遵宪在东山书院兴办东山初级师范学堂，延聘学历深而思想新者为师，培养爱国兴邦人士，成绩卓著。1913 年春，成立东山中学，经县议会批准将该书院拨为东山中学校舍，成为东山中学开办的校址。叶剑英曾在该校就学，参与创办学校并担任第一、二届学生自治会会长。1925 年 4 月 16 日，周恩来到东山中学向师生演讲尊师道理，师生深受鼓舞。周恩来还多次派李之龙、洪剑雄等到东山中学演讲，开展各种活动，东山书院名声远播。2000 年东山书院被列为第一批市级文物保护单位。2004 年，政府拨款对该址修葺一新，开辟校史室、重要人物图片陈列室，并对外开放。东山中学具有光荣革命传统，是素有革命摇篮之称的省重点中学之一。

东山书院

梅县第一个中共党支部成立旧址——八角亭

八角亭位于梅州城区凌风路南门（原程江河畔），占地面积 85 平方米。始建于清乾隆十一年（1746 年），道光二十九年（1849 年）重修，初称“观澜亭”，因州以上官员莅临嘉应州时，多由水路登岸，地方官员在此迎候，故又称“接官亭”，亭顶呈八角，俗称“八角亭”。1925 年 4 月，国民革命军第一次东征到梅县后，中共广东区委特派员张维在八角亭建立“广东新学生社梅县分社”。其时东山中学、学艺中学和女子师范学校等进步学生纷纷入社，其中有肖向荣（曾任国防部办公厅主任，中将军

重建的凌风西路南门八角亭

街）等。12 月，第二次东征军抵梅县后，张维与国民革命军十四师政治部主任、共产党员洪剑雄等在八角亭建立梅县第一个党支部，党团机关亦设在八角亭，时为革命活动中心。“文化大革命”时期，八角亭被毁。1980 年 7 月 12 日，梅州市革命委员会将八角亭定为市重点文物保护单位。1983 年拨款在原址重建，新亭保留旧亭风貌，巍然屹立于南门江畔。2011 年 12 月，梅江区人民政府拨款维修保护，定为“梅江区重点文物保护单位”。

共青团梅县委员会旧址——安定书室

安定书室位于梅江区人民政府大院西面 100 米处，相邻高断李屋，南接进士第、杨屋刺史第，居元城路中段，有一条 2 米宽的水泥路直通道前街，占地面积 100 多平方米，胡一声等革命老前辈在梅州中学念书时住在书室。1925 年春，国民革命军第一次东征来到梅县，粤军第二师师长张民达将安定书室作为临时机关。1927 年 7—11 月，共青团梅县县委书记曾品清由中山大学同学胡一声介绍住安

安定书室

定书室，团县委机关亦设于此。11 月，团县委机关遭到破坏，曾品清、温士奇、陈纯昌等被逮捕，史称“安定书室事件”。1927年4 月，胡一声在“清党”时被通缉，曾为安定书室题写门联：安得大同新世界，定将热血洗乾坤，被指为宣传共产主义，陂角胡姓因此被罚款，同时书室被梅县国民党政府官员占住。至1942年初，香港沦陷后，胡一声回到梅县，交涉收回，并出资修整，作为香港转移回来的民主人士及共产党组织的临时接待站。邹韬奋、郭沫若、李章达、陈汝棠、张文等老前辈和连贯的妻儿曾住过接待站。

中共梅县地下党组织活动旧址——桂里小学

桂里小学位于梅州城区东湖路公园门口（今为东湖邮政储蓄所），占地面积 1 万平方米。1925 年间，中共梅县（含梅江区）地方组织主要领导人杨雪如从事革命活动的主要地点。

桂里小学

“五一二”工人武装暴动工农群众集合地——梅城东门塘

梅城东门塘位于梅州市城区上市与下市之间的中心地段，是军事、政治、经济、文化、交通中心，占地面积 1. 2 万平方米。1927 年4 月12 日，蒋介石在上海发动反革命政变，以“清党”

为名，到处屠杀共产党人。4月中旬，中共梅县部委和共青团梅县地委召开联席会议，决定开展武装斗争，成立武装斗争委员会，统一领导全县暴动。5月1日，在武装斗争委员会领导下，梅城及西阳、梅南、长沙、丙村、畲坑、南口、大坪、白渡等地工人、农民、学生近万人在梅城集会游行。5月12日下午5时左右，梅城组织135名武装人员在东门塘集合，趁梅县保安警察大队、县警队、县政府人员吃晚饭时间同时突袭，解除3处国民党地方武装，缴枪200多支，县长温明卿出逃。暴动之后，成立梅县人民政府委员会，周静渊任主席，林一青、钟贯鲁、李铁明、朱仰能等为委员，并颁布政纲。

梅城东门塘

革命宣传资料印刷点——山川庭梁屋

山川庭梁屋位于梅州市梅江区西郊街道黄泥墩，占地面积约150平方米。20世纪20年代，梁浩然（又名养吾）曾与张太雷、陈延年、区梦觉及周恩来等人一起工作，梁浩然是陈延年等人的资料员、交通员和秘书，经常往返广州与梅州。大革命时期，梁浩然开始从广州带回革命宣传资料，在自己居住的梁屋（又称碧云仙馆或蓝楼下）二楼油印传单、宣传资料。因不敢公开，便以碧云仙馆有鬼、闹鬼为借口阻止其他人上

山川庭梁屋

二楼。1927 年大革命失败后，梁浩然避走南洋，印刷点油印宣传资料的活动短短几个月就停止。20 世纪 20 年代后期梁屋转卖给他人。1958 年后，山川庭梁屋出现大裂缝被拆除。

革命活动旧地——正本小学

正本小学

正本小学位于梅州市梅江区长沙镇下罗村，占地面积 1800 平方米。1927 年，广东工农革命军第十团建立后，不断发展地方组织，扩大革命力量，先后开办梅南区的梅南中学、长沙下罗的正本小学，发展罗衣、陈公坪、呈石等村革命组织。县委派李思绮担任正本小学校长，办初中班，老师有叶明章、苏寿元、叶华灵等，招收进步青年有梁柏兴、郑吉祥、吴棣祥、郑锡灵、叶鼎等六七十人，以办学为掩护，从事革命活动，宣传革命道理，开展革命斗争。

中共地下印刷厂旧址——唐润元故居

唐润元故居

唐润元故居位于梅州市梅江区城北镇扎上村，占地面积 2600 平方米。唐润元是梅州市梅江区城北镇扎上村人，曾任中共梅县县委委员。1923—1928 年，在其住所开设印刷厂，进行地下革命活动，印刷宣传资料、土地证等。1928 年

4 月 28 日晚，唐润元在城北扎上村参加中共梅县县委扩大会议后被捕，于 5 月 5 日英勇就义。

林一青开展革命活动旧地——立本学校

立本学校位于梅州市梅江区西阳镇。1926—1928 年，林一青等曾在白宫立本学校开展革命活动，林一青利用学校校长的身份，聘请进步人士任教，开办妇女夜校，发动妇女剪短发，提倡男女平等。

立本学校

革命活动旧地——西阳中学

西阳中学位于梅州市梅江区西阳镇。1927 年春，中共梅县部委书记刘标彝在西阳中学担任校长，以教书为掩护开展革命活动。

西阳中学

红四军梅城战役旧地——老梅城北门金山顶城墙

老梅城北门金山顶城墙位于梅州市江北老城区中华街（西）到东山大道（东）及赤岌岗（北），占地面积 800 万平方米。1929 年 10 月 25 日下午，红四军经梅县石扇、杨文，绕过离梅城约 10 千米的排子岗敌哨抵大浪口与侯森率领的警卫队接触，三纵队前锋以 2 个连的兵力应对，警卫队抵抗 1 小时后向南口方向溃逃，缴获敌械 30 余支，击毙 20 余人，红四军攻下梅城。26 日，国民党军陈维远旅在松口集中 3 个团和 1 个教导团追至梅城。因不明敌人虚实，为避免损失，朱德决定撤离梅城。31 日，中共红四军前委决定第二次攻打梅城，下午 5 时，红四军撤离老梅城。

老梅城北门金山顶城墙

红四军总指挥部旧址——玉水富版堂

玉水富版堂位于梅州市梅江区城北镇玉水村，占地面积 3390 平方米。400 多年前，梅城至江西筠门岭的交通运输路线开辟，途经玉水村，在该村设有龙上口驿道。驿道呈南北走向，东西两面有客栈，是客家妇女挑盐上江西的必经之路。1929 年秋，朱德率红四军撤离梅城，在该地设红四军临时总指挥部。驿道记载了旧时客家妇女的艰辛历程和革命足迹。

玉水富版堂

玉水村村貌

朱德演讲旧地——学宫

学宫位于梅州城区江北凌风西路南门前，占地面积 5879 平方米。

学宫又称孔子庙、孔庙、文庙、圣庙、先师庙，建于宋徽宗崇宁三年（1104 年）。清末科举废除后，1906 年在孔庙设立嘉属官立中学堂，辛亥革命后改为县立高等小学，1922 年改为县立中学，时为梅县最高学府。1929 年 10 月 25 日，朱德率红四军由上杭来梅城。26 日早晨，中共梅县县委书记廖白偕、县委秘书黄耀寰、干部陈任之等赤卫队二三十人及东江革命委员会机关工作人员由梅南开进县城，住明伦堂（今孔庙），协助红四军进行宣传、

梅城南门孔庙

朱德演讲时站的台石

筹款、采购等工作。同日下午，朱德在梅城孔子庙群众大会上演讲，让群众对党的政策和红军的性质更加理解。中华人民共和国成立后，学宫曾作兴梅地区行政专员公署，梅州（县级）市委、市政府办公之地。1978 年 11 月 16 日学宫被定为县重点文物保护单位，2000 年被列为第一批市级文物保护单位。

红四军攻打梅城集结地——十甲尾

十甲尾位于梅州市梅江区西郊街道，占地面积 4500 平方米。1929 年 10 月 30 日，以朱德为军长、陈毅为政治部主任，朱云卿为参谋长的红四军从南坑和丰顺马图乡返回梅南决定第二次攻打梅城。当晚，红四军司令部召开战前会议，采纳了朱云卿关于直攻梅城的建议，同时决定，三纵队从城西正面主攻，一纵队从城北迂回包抄，二纵队为总后备队。31 日凌晨，红四军从梅南的滂溪、长沙的罗衣出发，在轩坑坝涉水渡江，由大沙尾，到荷树岗折向小路，经铁泸桥到教子岃，再经高峰桥到程江桥。上午 10 点，集结梅城上市十甲尾、下市东山角的红四军 3 个纵队把梅城东西北三面包围，战斗先在城西中华路新庙前打响，战火异常激烈。国民党军想向东突围，被二纵队压回城内，从西阳来增援的

梅城十甲尾

中华路新庙前

国民党军营长甘露在盘龙桥被二纵队击毙。三纵队冲锋至中华路新庙前、萝卜坪、辅庭路的水浪口几十次，冲进新街3次。至下午3点，仍未能进入城内，朱德作出新方案，把攻击重点由城西转移到北门和金山顶，由于这两地点易守难攻，战斗至下午5点，罗荣桓受伤，战士伤亡大，仍难攻下梅城，又闻国民党军援军将到，朱德下令向城北方向撤离。

红军印刷厂旧址

红军印刷厂位于梅州市梅江区长沙镇陈公坪村。1930年12月，丰梅县苏维埃政府在长沙陈公坪上村吴屋建印刷厂，用油印机印报纸、传单、土地证等。

红军印刷厂

红军兵工厂旧址

红军兵工厂位于梅州市梅江区长沙镇陈公坪村，占地面积1000平方米。兵工厂请五华铁匠做技工，约有30多名工人，主要为红军修理枪支、做土炸弹、左轮手枪、单发步枪、大刀、长矛等武器，生产时间约一年。

红军兵工厂

丰梅县苏维埃政府遗迹

丰梅县苏维埃政府遗迹位于梅州市梅江区长沙镇陈公坪村，占地面积300 平方米。1930 年12 月，丰梅县苏维埃政府驻地设在长沙陈公坪上村宋屋（今李屋旁边）。1930 年冬，国民党派军队“围剿”共产党游击队，丰梅县苏维埃政府机关驻地宋屋被烧，留下遗迹。

丰梅县苏维埃政府遗迹

红军医院旧址——崇庆楼

崇庆楼位于梅州市梅江区长沙镇陈公坪村，占地面积500平方米。1929年10月，中共梅县县委在陈公坪崇庆楼设红军医院，曾住过160多名伤员。10月下旬，朱德率领红军攻打梅城期间曾到医院慰问伤员。1930年春，红军医院转移到丰顺县八乡山。

崇庆楼

梅县苏维埃政府旧址——承康楼

承康楼位于梅州市梅江区西阳镇新田村湖洋里，1929年下半年至1930年，中共梅县苏维埃政府设在西阳新田村湖洋里的承康楼。

承康楼

梅县苏维埃政府印刷局旧址——怀永楼

怀永楼位于梅州市梅江区西阳镇新田村湖洋里，1929 年下半年至 1930 年，梅县苏维埃政府印刷局设在西阳新田村湖洋里的怀永楼。

怀永楼

梅县苏维埃政府交通局旧址——卢氏祠堂

卢氏祠堂位于梅州市梅江区西阳镇新田村湖洋里，1929 年下半年至 1930 年，梅县苏维埃政府交通局设在西阳新田村湖洋里的卢氏祠堂。

卢氏祠堂

梅县苏维埃政府工作人员宿舍——庆云楼

庆云楼位于梅州市梅江区西阳镇新田村湖洋里，1929 年下半年至 1930 年，梅县苏维埃政府工作人员宿舍设在西阳新田村湖洋里的庆云楼。

庆云楼

中共西阳区委、西阳区苏维埃政府旧址——板盖坑

板盖坑村

板盖坑村位于明山嶂顶北侧，海拔 860 多米，直线距离海拔 1245 米的主峰 300 多米，最高处靠近西阳镇白宫圩约 15 千米。民国时期，该村山前山后满山都是茂密的原始森林，松杉、灌木混杂，荆棘丛生，村民出入山村，只能走崎岖的山路，从山脚走上山顶需要 3 小时。土地革命战争初期，成为中国共产党西阳区苏维埃政权驻地。

梅三区潮塘乡苏维埃政府旧址

梅县、梅丰苏区时期，梅三区潮塘乡苏维埃政府设在梅江区金山街道黄坑村、金丰村。

黄坑村

金丰村

梅三区潮塘乡金丰赤卫队驻地

梅县、梅丰苏区时期，梅三区潮塘乡赤卫队驻在梅江区金山街道金丰村。

金丰赤卫队驻地

白土乡苏维埃政府旧址——泮坑村

梅县、梅丰苏区时期，白土乡苏维埃政府设在今梅江区三角镇泮坑村。

泮坑村一角

梅北区苏维埃政府旧址——银营村

梅县、梅丰苏区时期，梅北区苏维埃政府设在梅江区城北镇银营村。

银营村

梅北区赤卫队驻地

梅县、梅丰苏区时期，梅北区赤卫队驻在今梅江区城北镇银营村。

梅北区赤卫队驻地

上村乡苏维埃政府旧址

梅县、梅丰苏区时期，上村乡苏维埃政府设在今梅江区城北镇上村村。

城北镇上村村

梅县早期党团活动地——学艺中学

学艺中学位于东较场关帝庙侧，1924—1925 年，古柏在广东梅县学艺中学读书期间，开始接触马列主义文章，对古柏的思想启蒙有着深远影响。

学艺中学

公益亭

公益亭是城西交通要道的一个避雨凉亭，也是夏天人们乘凉聚会的地方，位于今大浪口陈屋旁边。1938 年抗日战争全面爆发初期，共产党员李碧山住公益亭旁边的陈屋，利用公益亭这一公共聚会场所宣传抗日救亡思想，发展中共党员，在风雨亭建立了一个中共党支部。

公益亭

闽西南潮梅特委书记方方办公旧址——三角洋坑体仁居

体仁居位于三角镇洋坑村桃树下，1939 年冬至 1940 年 6 月，中共闽西南潮梅特委书记方方与爱人郑小萍、秘书许韵松和交通员郭玉意等 4 人组成的特委机关，转移到白土乡洋坑桃树下体仁居熊秋魂家。

三角洋坑体仁居

中共地下交通站旧址——刘达父亲小店

刘达父亲小店

刘达父亲小店位于梅江桥下水打伯公，1947 年 5 月，特派员王棉贤到梅城，负责梅县的工作，接管梅城党组织关系和交通联络站。交通站由钟加作、陈满姑、刘达 3 人组成，钟加作从丙村调入梅城租住在梅城文保路杨屋，以大中华皮靴店学徒身份作掩护；陈满姑在辅庭路租住神庙一间屋，以斋姐身份为掩护；刘达在梅江桥下水打伯公以其父亲小店为掩护，与外围芹菜洋瑞姑家为交通联络站。

二、革命文物

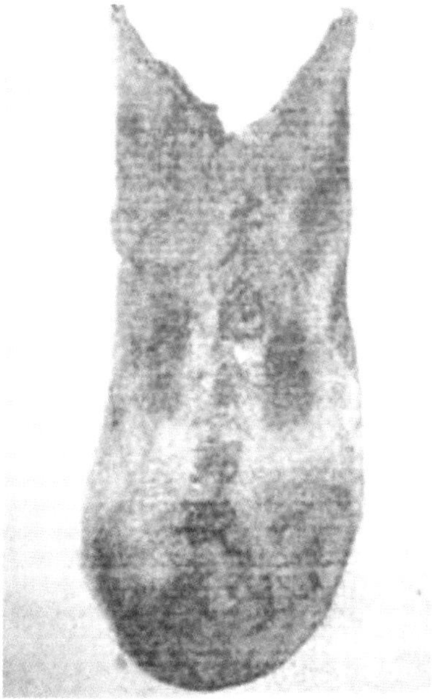

苏区的赤色邮政袋（梅县博物馆藏）

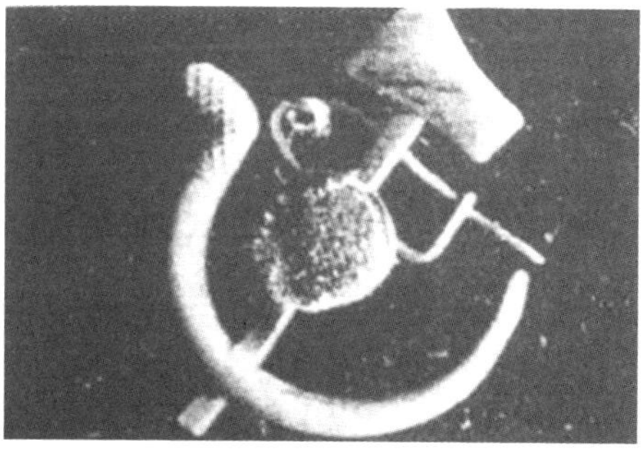

梅县苏区中国共产党党徽（梅县博物馆藏）

苏区使用的纸币（原件藏在梅江区长沙镇革命纪念馆）

1929 年 10 月，红四军进军至今梅江区长沙松山排村，朱德在办公处墙上写下的宣传标语

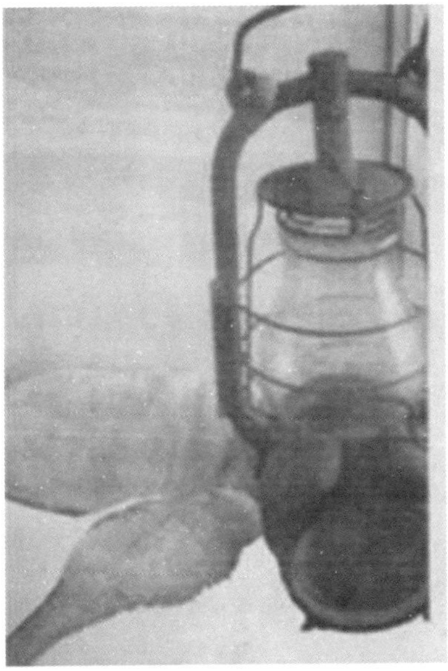

赤卫总队使用的马灯

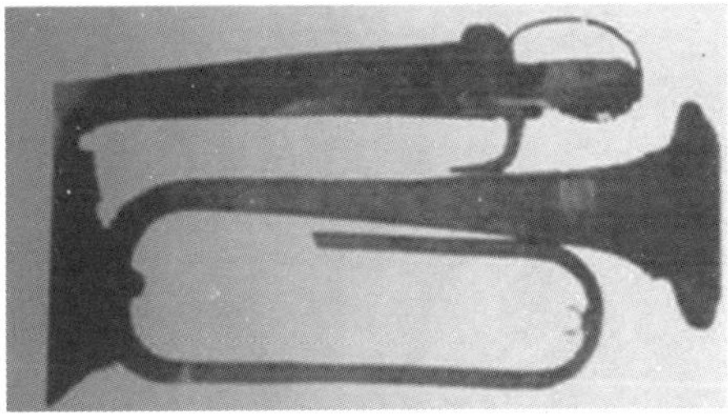

赤卫总队使用的喇叭

赤卫总队用的双刀

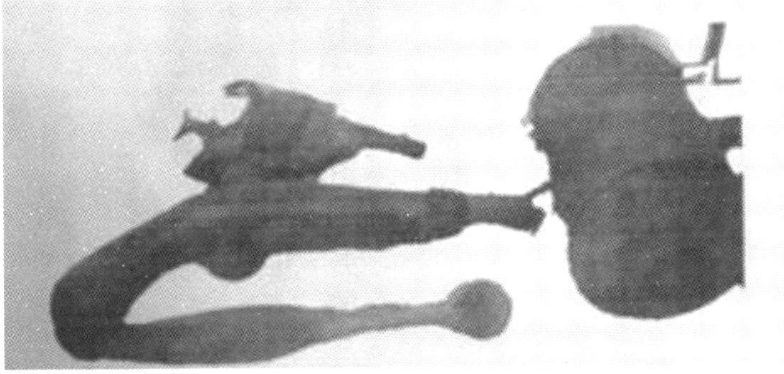

赤卫总队用过的左轮枪、土地雷

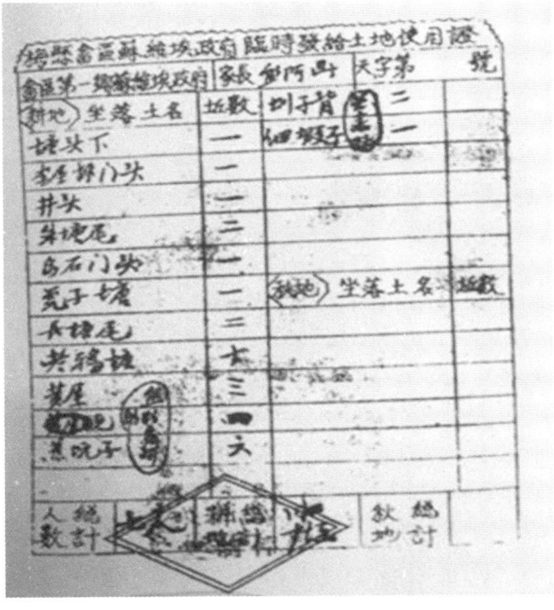

土地革命时期梅县苏区使用的土地证

1931 年 11 月 19 日，梅县西阳白宫市上桥头遭国民党反动派集体枪杀的 31 位烈士，慷慨就义遗像。（原件存中央博物馆）

第三节　纪念场馆

一、革命纪念碑

长沙革命烈士纪念碑

长沙革命烈士纪念碑位于梅州市梅江区长沙镇国道206线旁，占地面积2万平方米。1930年土地革命时期，梅南老根据地300多名革命群众在长沙圩被国民党集体屠杀。1951年中央人民政府南方老根据地访问团粤东分团第二分队为纪念李思绮、朱达秀、郑德云、叶廷章等300多名革命烈士，在长沙圩中心地建立公墓。1978年，公墓迁建长沙黄洞村口大岌顶，为长沙革命烈士纪念碑新址。2001年被定为“梅州市爱国主义教育基地”。

长沙革命烈士纪念碑

东山中学革命烈士纪念碑

东山中学革命烈士纪念碑位于梅州市梅江区东山岌，1999 年 3 月落成。该纪念碑是为纪念解放战争时期从事革命活动为国捐躯壮烈牺牲的东山中学 38 位学子而立。

东山中学革命烈士纪念碑

剑英公园内“学抗亭”

梅县地区学生抗日爱国运动纪念亭位于梅州市梅江区江南剑英公园内，学抗亭占地面积 300 平方米，1995 年 7 月市委、市政府为纪念梅县地区学生抗日爱国运动中为国捐躯的革命烈士，缅怀先烈的丰功伟绩，激励后人继续奋进，为梅州市学生进行革命传统教育而建造该纪念亭。

江南剑英公园内“学抗亭”

西阳白宫革命烈士纪念碑

西阳白宫革命烈士纪念碑位于梅州市梅江区西阳镇白宫中学旁的山岗上，占地面积 8000 平方米。该纪念碑是西阳镇政府为纪念历次革命战争和社会主义建设时期为国捐躯的 39 位西阳籍革命战士和 200 多名革命群众而立。是供后人瞻仰缅怀革命先烈、革命传统教育和爱国主义教育的场所。

西阳白宫革命烈士纪念碑

二、革命纪念场馆

梅州市革命历史纪念馆

梅州市革命历史纪念馆位于梅州市梅江区三角镇剑英公园，占地面积 1560 平方米。1995 年初筹建，于 11 月破土动工，1996 年底建成布展，1999 年 4 月 1 日开馆，馆内设五个展厅，分为党的创建与大革命时期、土地革命时期、抗日战争时期、解放战争时期四个部分。纪念馆陈列展出内容以中国共产党梅州地方组织活动为主线，以时间顺序为经，以重要革命斗争史实为纬，突出反映党领导下的梅州地方革命斗争史，重点介绍从辛亥革命至中华人民共和国成立后的重要历史事件、重要党史人物、重要革命旧址。通过叙事记人的手法，翔实、生动地展现中国共产党领导下梅州地区革命斗争的光荣历史。此外，馆内还有梅州革命烈士纪念室，将4563位烈士英名刻碑纪念。

纪念馆后面紧连着革命烈士纪念碑，两者连成一体，2001年，纪念碑、纪念馆列为梅州市革命传统教育基地。革命烈士纪念碑已于2014年3月迁至南口镇。

梅州市革命历史纪念馆

革命烈士纪念碑

梅州将军馆

将军馆位于梅州市梅江区东山大道中国客家公园内，占地面积550平方米，建筑面积1100平方米。1946年兴建，砖木结构，二进二层杠楼式的客家传统民居建筑。2007年10月，梅州将军馆正式对外开放，主要介绍和展示从辛亥革命至今（1911—2020年）梅州籍将军的风采和历史功绩，展馆分革命先驱、长征英杰、抗日名将、开国功臣、当代骄子、将军谱六大部分13个展室，展现492

梅州将军馆

位将军，其中上将10人，中将98人，少将384人。

长沙镇革命烈士纪念馆

长沙镇革命烈士纪念馆位于长沙中心小学内。1930年，梅南老根据地300多名革命先烈和革命群众在长沙圩被国民党反动派集体屠杀。为缅怀原梅南地区第二次国内革命战争中英勇牺牲的革命烈士，1951年，在长沙圩兴建革命烈士纪念碑。2009年，筹建“革命老区·红色长沙”长沙镇革命烈士纪念馆，馆内展室有星火燎原、武装斗争、红色记忆、今日长沙四个部分。

长沙镇革命烈士纪念馆

附　录

附录一 大事记

1921 年

7 月，中国共产党光荣诞生。

是年，梅江区籍青年杨雪如到上海大学半工半读，阅读大批宣传马克思主义的进步书刊，积极参与反帝爱国运动，并加入中国共产党。其间，杨雪如利用书信与梅县的同学朋友联系，宣传革命与进步思想。

1922 年

6 月，梅江区籍青年熊锐先后加入旅欧的中国少年共产党和中国共产党，并在中共旅德支部工作一段时间。

1923 年

1 月，彭湃领导下的海丰农民运动的迅速发展，对梅县革命运动的发展产生很大影响。

5 月 17 日，粤区社会主义青年团外围组织新学生社成立，旅穗梅江区籍进步学生叶浩秀、彭刚侠等加入新学生社。新学生社积极开展争回教育权，反对帝国主义文化侵略和要求改革不合理的教育制度的斗争。

是年，梅江区籍的青年学生杨广存在北京大学加入了中国共产党组织，负责北京进步报刊《晨报》副刊编辑。宣传鼓励、发动群众起来革命，经常写信、寄送进步书刊给家乡的亲属、朋友，引导亲朋走上革命道路。后受到反动军阀的通缉，离开北京回到家乡梅县，继续从事革命活动。

1924 年

1 月，国共两党第一次合作，为中国共产党创造公开发动和组织工农群众的有利条件。

3 月，梅县教会学校广益中学爆发反对帝国主义文化侵略的斗争学潮，全校学生在高年级学生谢北岳、朱仰能、徐锡康、张英灵等领导下，要求废除读圣经、做礼拜等，给学生信仰自由。当时在军阀统治下，教会又有帝国主义势力的支持，结果斗争失败，200 多名学生被开除。但觉醒的学生没有被吓倒，并得到社会各界进步人士及爱国华侨的支持，自发创办了一间学校，取名为学艺中学。

5 月，在苏联的帮助和中国共产党的倡议支持下，国民党在广州创办中国国民党陆军军官学校（简称“黄埔军校”）。梅州地区有不少革命青年进入黄埔军校学习。据统计，第 1—4 期梅州地区学员共有 152 人，其中梅江区籍的有梁锡祜、朱云卿、谢晋元、黄梅兴等。

7 月 3 日，农民运动讲习所第一届在广州正式开学，主任彭湃。至 1926 年 10 月，共举办 6 届，梅州地区先后派去参加学习的学员共有 16 人。

1925 年

2 月，广东国民革命军举行第一次东征。

3 月 21 日，东征军粤军二师师长张民达与陈铭枢部围攻梅县县城，敌驻军李云复等残部向三河坝方向溃逃，东征军进驻县城。当天，广州大元帅府任命张民达为梅州五属绥靖署督办，师参谋长叶剑英为梅县县长。叶剑英任职期间，曾多次到东山中学、学艺中学、丙镇中学等学校作题为《苏联的革命和新经济》的演讲，积极支持和推动工农革命运动的发展。

4 月12 日，周恩来率东征军政治部人员和学生军教导团抵达梅县。14 日，政治部李之龙、洪剑雄、周逸群等到东山中学、省立五中（梅州中学）、学艺中学等学校作演讲，宣传三民主义、“联俄、联共、扶助农工”三大政策和东征的意义。15 日，梅县各校学生和群众1000 多人在梅城东较场集会，庆祝东征胜利，周恩来在会上作重要演讲。26 日，梅县总商会召开东征祝捷大会，周恩来同商会代表一起照相。

7 月，东山中学学生陈启昌、肖啸安、胡明轩等组织成立学生救国运动团，并组织50 余人宣传队，到各圩镇作反帝爱国宣传，进行演戏筹款，将所得800 余元寄给省港罢工委员会。10 月，广益中学和县立中学参加学潮的学生刘裕光、蓝胜青、刘清如、王之伦等数10 人被当局开除出校，经与东山中学校方协商同意转入东山中学读书。三校的进步学生集中在东山中学，增强东山中学的进步力量。陈启昌、肖啸安、刘裕光、蓝胜青秘密组织成立梅县青年团，陈启昌为主任。提出宣传社会主义，收回教育权为青年团的斗争任务。11 月，广东新学生社梅县分社成立，梅县青年学生运动进入新的阶段。

夏，梅城首次成立行业工会，其中有理发工会、油漆工会、缝衣工会、木料工会等。

9 月，中共广东区委派张维以广东新学生社特派员的公开身份到今梅江区的梅城组建党组织。

10 月中旬，广东革命政府举行第二次东征，按计划分三路向惠州、潮州、梅县进发。

11 月3 日，东征军第三纵队进抵今梅江区的梅城，敌驻军及县长何经诒闻风逃遁。4 日，三纵政治部主任唐际盛主持召开市民大会，当众议决有关施政事项，决议解散非法之县议会。6 日下午，梅县各界与东征军举行联欢大会。10 日，由东征军总政治部主任周恩来委任江董琴为代理县长。

12 月19 日，广东妇女解放协会梅县分会在梅城成立，主席李雾仙（又名凌莎），执委蓝柏章、黄玉兰、侯昭新等，协会出版会刊《梅县妇女》。

12 月，张维、洪剑雄在梅城南门外八角亭介绍并正式吸收东山中学学生会会长陈启昌（字劲军）、学艺中学学生会会长李仁华加入中国共产党，于当晚在梅县公署洪剑雄住处成立中共梅县支部。党员包括张维、洪剑雄、陈启昌、李仁华等 7 人。梅县支部隶属中共汕头地委，机关设在梅城南门外八角亭。

1926 年

2 月，在国民党广东省党部和中央妇女部分别担任职务的共产党员张婉华、邓颖超以国民党广东潮梅党务特派员身份先后来梅县帮助改组国民党地方组织，指导妇女部及梅县妇女解放协会开展工作。

3 月上旬，梅县第一次工人代表大会在梅城召开，成立梅县总工会，选举 8 人组成总工会执行委员会，钟克平为主任委员。

5 月1 日，在梅城召开第二次工人代表大会，会议决定将卜秋庭、薛任康清除出总工会，以纯洁工会组织。会议重新选举钟克平、黄柏麟、朱绍桂、黄国材、朱子干、丘国华等 15 人为执委，钟克平为主任委员。

8 月，中共党组织为更好地在广大农村开展革命活动，决定通过县教育局局长、党员李世安，在梅城举办全县小学老师培训班。党组织派陈启昌、李仁华负责政治思想工作，培训结业后成立梅县小学教师联合会，领导负责人为林一青、赵松信。

同月，共产主义青年团梅县地方第一次代表大会在梅城召开，全区代表近60人参加会议。团梅县地委下辖梅县、蕉岭、平远、寻乌、武平等地团组织。

11月，共青团梅县地方委员会在梅城城郊召开第二次代表大会，选举陈启昌为团地委书记，李仁华为组织部部长，古柏为宣传部部长兼秘书，卢其新为学生部部长，蓝柏章为妇女部部长。

1927年

1月，经中共广东区委批准，中共梅县特支升格中共梅县部委，中共广东区委派刘标犇为中共梅县部委书记，组织部部长张维，宣传部部长吴健民。中共梅县部委领导梅县、五华、兴宁、蕉岭、平远、寻乌、武平等地的党组织。

4月，为准备武装暴动，中共梅县部委与团梅县地委决定联合改组成梅县武装斗争委员会。

5月12日，中共梅县部委和团地委联合组成的武装暴动委员会经过严密准备，以工人纠察队为主力，联合东山、学艺、嘉大3校学生举行武装暴动，智取县保安队，攻占县政府获得成功。13日，梅城召开各界代表大会，成立梅县人民政府委员会，公推周静渊为主席。

7月，中共广东省委任命李桃犇、曾衡分别担任梅县党、团县委书记，并与陈启昌、胡一声等人取得联络后，在城内积极进行恢复活动，把隐蔽在城内的工人纠察队组织起来，配合兴宁农军，在梅城再次举行暴动。

10月，广东工农革命军东路十团在九龙嶂九里岌成立。

11 月 28 日，梅城发生“安定书室事件”，团县委机关被敌破坏，团县委书记曾衡、宣传部部长温俊野等被捕。

12 月，中共梅县县委成立，书记李桃粦，组织部部长杨雪如，宣传部部长王之伦，职工部部长朱子干，军事部部长肖文岳，委员陈甦赤、黄国材、林一青等。隶属中共东江特委。机关先后设在今梅江区的梅城油罗街、西阳、城北扎田等地。

1928 年

2 月，陈启昌受上级指示，组建成立共青团梅县县委，书记陈启昌、组织委员杨维玉、宣传委员古柏。机关设在梅南安和尾，在梅南中学设立联络点。

4 月 29 日，由于县委领导人的麻痹大意，扎田办事处遭敌破坏，县委全部文件落入敌人手里，杨广存、林森端、唐润元 3 人遭杀害，牵连被捕人士 30 多人。

5 月上旬，广东工农革命军东路七、十、十二团在九龙嶂整合为广东工农红军第十团。5 月下旬，梅县、大埔、丰顺、五华、兴宁五县暴动委员会在九龙嶂九里岌成立。古大存为主席。

6 月 24 日，中共广东省委复信指示中共梅县县委，对县委某些人怀疑土地革命政策的错误思想提出批评，强调土地革命的政策和口号照样适用于梅县，指示中共梅县县委迅速开展土地革命。要求：一是整顿党的组织；二是发展民政组织；三是普遍进行宣传活动；四是发动斗争。

12 月 18 日，县委委员林一青在白宫被捕，22 日，在梅城英勇就义，时年 29 岁。

冬，中共梅县县委进行充实调整，机关设在梅南龙文堡，书记为廖祝华。

1929 年

2 月，共青团东江特委派员来梅县，在今梅江区的梅城东山岌背油岩主持召开团代会，中共梅县县委书记廖祝华到会，会议决定恢复和重建团县委，由卢伟良任书记，郭潜为宣传部部长，林枫（即林玉明）为组织部部长。

同月，梅县农民代表大会在梅南顺里村召开，成立梅县农民协会，主席由中共梅县县委书记廖祝华兼任。并组建梅县模范赤卫总队，总队长罗梓良。春夏间，农民赤卫总队先后袭击今梅江区的长沙、西阳等地警卫队，皆获胜利。

夏秋间，梅县民众在县委的领导下创建革命政权，在梅南建立梅县革命委员会，主席熊光。梅县苏区初步形成，并组建全国第一个女红军连。

9 月 28 日，红四军在创建（中央）革命根据地初期，中共中央把梅城规划为朱德、毛泽东、陈毅领导的红军开辟根据地范围，梅县各级党组织借机加快发展，壮大力量。中共梅县县委下属有 5 个区委，8 个独立支部，45 个支部。

10 月 19 日，红四军 3 个纵队共 6000 多人在军长朱德和参谋长朱云卿率领下，从闽西分三路进军梅州地区，25 日攻下梅城，26 日下午在梅城孔庙大院召开各界群众大会，朱德到会讲话。

11 月，古大存、李明光率红四十六、四十七团等会合梅南、畲坑区赤卫队数百人，袭击梅县官塘圩，击毙敌营长张徐光，缴获长枪 30 余支。继后，在蓝田村门击溃毛维寿旅 4 个连的兵力，消灭 1 个连，梅县红色苏区得到巩固。

1930 年

2 月初，红四十六团为配合召开梅县工农兵代表大会，联合梅县四区联队和农民武装1000多人，攻打丙村镇，击溃敌军谢明纠部，歼敌300余人，俘敌20多人，缴获长短枪80多支。同月，梅县工农兵代表大会在梅县顺里村召开，到会代表200余人，大会宣布成立梅县苏维埃政府，主席熊光。苏维埃政府机关设在顺里村，下设军事部、财政部、文教部、卫生部、总务部和经济委员会、土改委员会及人民法院等部门，大部分赤色区域都成立了各级苏维埃政府。凡建立苏维埃政权的地方，均积极实行土地政纲，没收分配地主的土地，今梅江区成为一个完整的苏区县。

3月18日，红四军前委发出《前委通告第三号》，要求红四军以3个月为期分兵分路游击，其游击区域包括粤东北的大埔、五华、兴宁、丰顺、梅县、平远、蕉岭等县，今梅江区为粤东北的中心区，成为红四军在赣南、闽西、粤东北为主要范围新根据地的重要区域。

5月，毛泽东在寻乌进行调查，写下寻乌调查报告，对梅县苏区在红四军游击根据地的交通、经贸等表示肯定并详细记述。

10月24日，中央政治局根据六届三中全会建立中央苏区的精神制定的《关于苏维埃区域目前工作计划》决定，中央（苏）区内闽西、东江特委合组成闽粤赣特委，建立闽粤赣边区革命根据地。梅州城区红色区域属东江特委管辖范围，成为中共中央决定建立的中央苏区“骨架”。

11月1日，中共闽粤赣边区在广东潮阳的大南山召开代表大会，贯彻党六届三中全会精神，成立中共闽粤赣苏区特委，邓发为书记，下设西南、西北分委党组织，其中以刘琴西为书记的西北分委管辖粤东北今梅江区的苏区。

12月10日，中共中央根据红四军第一次反“围剿”战争的形势，对六届三中全会规划的中央（苏）区的范围作调整，把中央（苏）区范围调整为作战区和后方根据地两部分，闽粤赣革命根据地为后方根据地。当年邓发为书记的闽粤赣根据地包括隶属西北分委领导的梅县苏区（含梅江区）红色区域为中央（苏）区的后方根据地范围。

12 月，梅县行动委员会撤销，同时根据西北分委的指示，梅县、丰顺两县党组织合并成立中共梅丰县委，书记黎果，副书记叶明章。建立丰梅县苏维埃政府，共青团梅丰县委，梅丰县赤卫大队，丰梅县成为粤东北完整的苏区。机关曾设在丰顺县的马图、今梅江区长沙镇的陈公坪、西阳镇的白宫明山嶂、大埔县银江的葵斗坑，今梅江区红色区域归中共梅丰县委领导。

1931 年

1 月 15 日，中共苏区中央局成立后，苏区中央局《通告（第一号）》，对闽粤赣根据地的区域作明确的阐述，划定根据地实际控制的范围包括“闽西、广东东北、赣东南一部分”。红色区域的丰梅县（含梅江区）苏区位于广东东北部，红色区域成为中共苏区中央局划定的闽粤赣根据地实际控制区域。在中共苏区中央局领导下，丰梅县苏区坚决执行闽粤赣特委指示，苏区武装四处出击，黎果、叶明章带领武装队伍，先后袭击梅西龙虎圩、大坪、石扇、梅南水美等地敌人，牵制了广东国民党军队“围剿”中央苏区的军事力量，发挥后方根据地的重要作用。

4 月 4 日，中央给闽粤赣特委的信明确划定，“闽粤赣是整个中央区的一部分”，红色区域的丰梅县苏区属闽粤赣特委管辖区域，今梅江区区域成为中共中央明确划定的中央苏区管辖范围。

6 月 16 日，中央给苏区各级党部及红军的训令再次明确，含丰梅县苏区的闽粤赣省，今梅江区是整个中央（苏）区的组成部分，为后方根据地。

12 月，中共中央要求闽粤赣苏区省委“向北发展，向北发展前必须巩固闽西中部和南部和粤东北韩江上游苏区…… ”，丰梅苏区县委配合闽粤赣苏区省委落实中央的战略指示，领导丰梅苏区县武装不断东进游击，含梅江区的红色区域丰梅县苏区逐渐与福建武平岩前、象洞等连成一片。

1932 年

1 月9 日，中共中央要求建立巩固连片的中央苏区区域，在中共闽粤赣苏区省委领导下，红色区域的粤东北丰梅县苏区军民，积极配合闽粤赣苏区省委实施“……巩固粤东北韩江上游苏区……”的战略部署。

3 月，闽西苏区与江西苏区打通。位于闽西苏区与江西苏区之间红色区域的粤东北丰梅县成为中央苏区的连片区域。

3 月下旬，中央苏区闽粤赣省改称福建省并成立苏维埃政府，丰梅苏区由于地处闽粤赣联结枢纽的战略位置，国民党军加大了占据的力量，丰梅苏区等粤东北革命根据地由中央苏区后方逐渐变为前沿，斗争更艰苦残酷。时任中共福建省委常委兼组织部部长刘晓是中央派来的，书记罗明为粤东北大埔人，秘书长肖向荣为梅县人、宣传部部长李明光为大埔人、妇委会书记李坚真为丰顺人，他们开创的丰梅县根据地与闽西山水相连，唇齿相依，丰梅根据地成为中央苏区福建省南部的重要前沿区域。

8 月，中华苏维埃中央政府机关报《红色中华》报道，丰梅苏区红军游击队出击梅县夺取有关城市，扩大苏维埃区域。

1933 年

3 月，中央苏区主力红军第四次反“围剿”，在赣南宜黄的草台冈、东陂等地与国民党军决战，红色区域的丰梅县苏区军民与武平独立师、红二十一军相互呼应，在中央苏区南部前沿打击国民党地方武装，配合中央苏区腹地主力红军反“围剿”。

5 月，国民党香翰屏部“进剿”丰梅县苏区中心区九龙嶂、铜鼓嶂等地，红色区域的丰梅县苏区武装在九龙嶂、铜鼓嶂等地与香翰屏部周旋，抗击进犯的国民党军。

8 月28 日，中央革命军事委员会发出密令，将同属于中央苏区范围的会昌、武平、上杭、河西（含丰梅县苏区）划为第三作战分区，丰梅县苏区军民按照上级部署行动，在九龙嶂、铜鼓嶂地区周围牵制战场南面的国民党军。

10 月，丰梅县苏区武装队伍主动出击，夜袭汤坑乡公所，当场击毙国民党区长，中央苏区前沿的国民党武装锐气受挫。

11 月，国民党政府军队李扬敬师由江西移驻梅县，含梅江区的红色区域的丰梅县苏区进入更艰苦的斗争环境。

1934 年

4 月1 日，国民党第二军军长李扬敬在梅县召开军事会议，部署重兵进犯赣南（中央苏区首都瑞金），中央苏区第五次反“围剿”战争进入残酷的阶段。反“围剿”战争中，含梅江区红色区域的丰梅县苏区民众积极配合游击队，在中央苏区南部前沿，认真贯彻、落实上级有关部署，革命武装频频出击，打击反动势力，先后攻打梅南、畲江、长沙、石坑等乡公所，破坏国民党军的交通，牵制向江西“进剿”的国民党军兵力，支援中央苏区腹地的反“围剿”战争。

10 月，中央红军长征后，含梅江区红色区域的丰梅县苏区民众积极配合游击队坚持在梅埔丰边区九龙嶂、桐梓洋一带游击，消灭国民党地方武装，坚持斗争。

1935 年

12 月 9 日，北平学生数千人在中国共产党领导下举行声势浩大的抗日救国游行。为支援北平学生爱国运动，12 月 12 日，梅城等地学生热烈响应，通过演讲、演剧等形式支持声援“一二·九”运动。

1936 年

3 月，梅县（含梅江区）青年读书会成立了类似共产主义小组的秘密组织，由林玉明、陈孟仁、陈淦廷等为负责人，学习研究时事和理论，讨论、部署任务，林玉明、张荣生、陈仲平等分别担任松口《东方日报》和《梅东新报》的编辑工作，在抗日救国宣传中发挥积极作用。

8 月，梅县国民党当局开始限制和镇压群众抗日救亡运动，借口“报道失实”，强令封闭《东方日报》。林玉明、陈慰慈、张惠庸等后出版《平报》，又被国民党当局取缔。同时，取缔梅城的海燕剧社，公开的救亡活动被宣布为“非法”。

1937 年

1 月，李碧山在汕头经李平介绍，中共中央南方临时工作委员会批准恢复其中共组织关系后，受潮汕党组织派遣，到梅县开展工作，主要任务是恢复和发展梅县党组织，建立抗日义勇军。

3 月，李碧山在梅城等地在发展党组织的同时组建抗日义勇军组织，梅县抗日义勇军代表会议在雁洋召开，李碧山主持会议，成立中华抗日义勇军梅县大队，大队长李显云，义勇军成员约 300 人。

4 月，中共梅县工作委员会成立，书记王勉，组织部部长陈仲平，宣传部部长陈海萍，青年部部长李显云，保卫部部长林汝舜。

7 月，卢沟桥事变，日本侵略军进攻北平，中国革命进入全面抗日战争时期。秋，梅县留日同学抗敌后援会在梅城成立，由张嘉陵、刘清如、谢健弘、郑天任等人负责，成员多是土地革命战争时期的党团员，有较好的社会关系，对促进梅县抗日救亡统一战线的发展起到较好的作用。

11 月，梅县学生救亡联席会议在梅城召开，决定成立梅县中等学校学生抗敌同志会（简称梅县学抗会），会员包括全县 30 多间中学、中专学校 1 万多名学生，大会选举首届理事会，主席张明生（中共党员），理事蔡元贞、卢森文、侯彤等 13 人。

12 月，根据中共南方工作委员会指示，潮梅地区党组织划归中共闽粤边省委领导，撤销中共韩江工委，成立中共梅县中心县委。

1938 年

1 月，根据国共两党谈判协议，闽粤边原红军游击队正式改编为新四军第二支队，中共梅县中心县委组织动员党员和进步青年到闽西参加新四军二支队，先后输送党员和进步青年 100 多人。

3 月初，梅县留日同学抗敌后援会在梅城召开全县学生代表大会，会议决定动员、组织广大青年学生下乡一个月，开展抗日救亡的宣传工作。下乡学生在各乡村宣传发动开办夜校 200 多间，数以万计的工农妇女参加学习。

春，梅县青年抗敌同志会总会（简称青抗会）在梅城成立，温集祥为常务主席，梁集祥、陈晓凡为常务委员，并在今梅江区的西阳、水白等地设立分会。总会具体领导强民体育会、流动剧团、艺术工作团、战时工作队等组织的活动。

10 月 12 日，日军在惠阳大亚湾登陆，中共闽西南特委向梅县中心县委发出指示，组织游击队，建立游击据点，准备开展游击战争抗击日军。

12 月 30 日，中共梅县中心县委在梅城举行大规模的反对汪精卫亲日投敌示威火炬游行。

是年，中共梅县中心县委辖下党组织得到迅速发展，仅第四季度就发展党员 247 人，其中梅城 20 人、梅南 12 人。

是年，梅县各救亡团体和梅县各界在国共两党共同号召和组织下，共同向抗日前线输送兵员 3608 名（未含中共梅县党组织单独向红四军输送的 100 多名骨干），募集资金 11478.96 元，以有力出力，有钱出钱的实际行动参加抗日救国斗争。

1939 年

1 月 21—25 日，中共闽西南潮梅特委在福建龙岩后田召开第五次执委扩大会议。中共梅县中心县委书记李碧山，组织部部长王维出席会议。

3 月上旬，中共闽西南潮梅特委机关由闽西龙岩白土迁往梅县后，特委领导人方方、姚铎、陈卜人等先后驻在今梅江区的城郊大浪口、泮坑、芹菜洋等地。

12 月，经过党的审查登记，中共梅县中心县委所属党组织约有党员 1120 人，梅县 29 个中学，有 1 万多学生参加抗敌同志会。

同月，中共梅县中心县委在梅城召开党员代表大会，会议由陈光、梁集祥主持，传达了中共闽西南潮梅特委第六次执委扩大会议精神，着重讨论了做好应付突发事变的准备。

1940 年

3 月，中共闽西南潮梅特委在今梅江区城郊芹菜洋举办干部训练班，各中心县委、县委干部30余人参加，由特委主要领导方方、陈卜人、黄会斋等主持并作报告。由于共产党员乡长张惠庸被捕，因此学习班持续约20天就提前结束。

5月，梅县国民党当局下令解散梅县学抗会，逮捕请愿学生代表李鸣铮、刘时敏、何孟琳、潘佛章、姚秋实、李国超、黄新能等人。经党组织多方营救，被捕学生代表半个月后全部获释。

1941年

1月，根据中共潮梅特委指示，中共梅县县委正式成立。

9月，根据中共潮梅特委指示，梅县县委改为特派员负责制，梅县特派员王致远，副特派员谢毕真、陈德强。时梅县原有区委（学委）亦相应改为特派员负责制。

1942年

4月，民主人士邹韬奋经中共党组织营救，从香港经龙川转移到今梅江区隐蔽，陈启昌等人奉香港党组织指示做安全掩护工作。9月，邹韬奋安全离开梅县并转移至苏北抗日根据地。

6月，中共南方工作委员会组织部部长郭潜叛变，副书记张文彬和宣传部部长涂振农等被捕（史称“南委事件”）。事件发生后，中共梅县地方各级组织遵照上级指示，停止活动，转移党员。

1943年

1月，中共潮梅特派员林美南带领潮汕党员在今梅江区城郊乌廖沙以种菜为掩护隐蔽工作，林美南通过梅县党员谢禄秀、张弢、黄波、温再生、宋梅通、梁碧华等人在梅城建立联络点，与中共南方工作委员会联络员李碧山和各县党的领导人保持联系，活动联络点至1949年7月梅县解放后才撤离。

1944 年

秋，根据李碧山的指示，陈明等在江西筠门岭建立交通站，通过审查，先后在交通线的松口、白渡、梅城等处恢复一批党员。

冬，青年军在梅县招兵，全县从军知识青年有1400多人，其中女青年100多人。

1945 年

3月6日，中共中央发出指示：梅埔等国民党区工作应劝导一部分城市党员转入乡村工作，同时积极建立新的根据地。

5月，中共梅县工委成立，负责组织梅县城区的学生运动，并开展梅南地区的工作。

7月，中共梅县工委在今梅江区附城盘龙桥李屋举办学生骨干训练班。

8月15日，日本宣布无条件投降，抗日战争胜利结束。

8月，中共梅县工委决定成立学委，加强对学生工作的领导。在学委领导下，梅城各重点中学建立党的外围组织秘密学联。

9月初，在中共梅县工委、学委的筹备和领导下，梅县民主学生联合会（简称“地下学联”）第一次代表大会在梅城盘龙桥熊屋召开，梅州中学、梅州女子师范、东山中学、商业学校、县立一中、广益中学等学校代表20余人出席会议。

1946 年

2月，撤销中共梅蕉武埔边县工委，成立中共杭武蕉梅边县委，书记王立朝。

4月，中共梅埔丰边县工委改称为中共梅埔丰边县委，书记何勇为。

5 月，中共杭武蕉梅边县委和埔永梅边县委合并成立中共梅县县委，由王立朝、王志安、谢毕真 3 人负责。

7 月，国民党政府军曾举直部和福建保安团大举“围剿”梅蕉杭武和饶埔丰边的工农武装。

1947 年

4 月，中共梅埔地委秘书长何献群前往梅埔边传达上级指示，途经大麻，与国民党便衣特务相遇，在战斗中牺牲。

5 月，中共杭武蕉梅边县委重建，书记谢毕真。

8 月，中共梅埔边委成立，书记黎广可。

冬，梅南成立粤东支队第九武工队（又称平原游击队），开始只有 4 人，一支短枪，队长杨山，后发展到 10 多人，以今梅江区西阳的清凉山为根据地，以水白为活动中心，不到 2 个月，活动地区从梅江南岸罗衣、水白延伸到西阳、芹黄、程江、扶大一带，进行反“三征”破仓分粮，搞年关斗争和收缴枪支等。

冬，粤东支队在地方游击队和武工队配合下，在梅兴丰华和梅蕉平兴地区摧毁了梅县的水车、管塘、白宫、石扇等国民党区乡镇政权，开辟和建立了大片游击区。

1948 年

1 月，中共梅兴丰华边县委成立，书记熊培。

2 月，中共梅兴平蕉边县委成立，书记黄戈平。

6 月，中共埔永梅边县委成立，书记张克昌。

9 月，粤东支队直属二团一部在梅城平原武工队配合下，进入今梅江区的城郊盘龙桥，生俘原国民党中校军需主任李季生。部队在转移到丙村三方时遭敌人袭击，李季生被乱枪打死。

1949 年

1 月 1 日，中国人民解放军闽粤赣边纵队成立。

2 月，中国人民解放军闽粤赣边纵队先后解放今梅江区的梅城周边的农村乡镇，形成对梅城包围之势。

5 月 17 日，国民党军广东省保安十二团团长魏汉新与梅县县长张君燮，在今梅江区的梅城率部起义，梅城宣告和平解放。

5 月 22 日，闽粤赣边纵队一支队独立营奉命进入今梅江区的梅城接管。

5 月 24 日，梅县成立军事管制委员会和梅县人民民主政府。

6 月，中共梅县县委会成立，书记刘健，副书记杨扬，组织部部长杨山，宣传部部长陈华。

13 日，梅城各界人士 1 万多人在今梅江区的东较场集合，庆祝粤东解放和梅县人民民主政府成立，县长王志安。

7 月 1 日，中共华南分局、边区党委、梅州地委、梅县县委在今梅江区的城南水白中学召开“七一”纪念大会，分局书记方方作题为《以梅县为中心，把东江韩江连成一片，作为解放华南的总基地》的报告。

7 月 6 日，国民党军胡琏兵团残部在南下大军追击下窜犯梅城，梅县县委、县政府机关在一支队五团掩护下安全撤出，胡琏兵团参谋长柯远芬自封为梅县县长。

8 月，胡琏兵团残部沿梅南向汤坑方向窜扰，一支队五团和梅南区中队在上罗衣新陂嶂下至北山嶂一带伏击敌人，毙伤俘敌 70 余名，缴获枪械、战马等军需物资一批。

8 月 31 日，边纵一支队二团进驻梅城。

10 月 1 日，上级任命兴梅专员公署专员卢伟良为梅县军事管制委员会主任，中共梅县县委书记刘健和县长王志安为副主任。

10 月4 日，梅城军民庆祝中华人民共和国成立。

10 月7 日，中共兴梅地委机关报《兴梅日报》在今梅江区的梅城创刊。

12 月，梅县在农村建立农民协会，至1950 年，全县有629 个自然村建立农民协会。

附录二 历史文献

中共中央给红军的训令（节录）

（1930 年 12 月 10 日）

（一）（略）

（二）红军的作战方略

1. 第一三军团在目前情况之下，应以赣南和赣东南为作战地区；而以闽粤赣为后方根据地。（下略）

2. 第十二军（过去闽西之二十、二十一与粤东之十一军所改编）须统一指挥，即以其驻军地区——闽西粤东东江为其行动地区。其任务是：应对粤东之敌和闽南闽西之敌取积极防御，……一三军团及第十二军均在红军前敌总司令朱德同志及总政治部主任毛泽东同志直接统一指挥之下行动，第七军和第十军与一三军团取得联系后，亦须立即听受其指挥。（下略）

（红十一军于 1930 年 5 月粤东北丰顺县诞生，是一支正规军级编制的中国工农红军。下辖 6 个团，全军约 3000 人，1930 年前后，在创建粤东北革命根据地和中央苏区的反“围剿”战斗中发挥了重要作用。）

注：此件说明，中共中央已决定，把含闽粤赣、粤东北内包括今梅江区的梅县苏区纳入中央苏区南部应不断完善的范围，为

后方根据地。

（资料来源：《中共中央文件选集》第六册，中央档案馆编，中共中央党校出版社1989年8月版，第506—525页）

闽粤赣苏区特委西北分委来信（节录）

（1930年12月11日）

琴西同志转龙川、兴宁、寻乌、平远、蕉岭县委：

琴西同志去到后未接他来信甚念，分委派张海同志去你处分配工作未知到达否？西北斗争形势在西南斗争发展中，在红军游击影响与帮助下，在反动派武装压迫与苛剥抢收中，更加深群众对反动派的仇恨与反抗的决心，加深对苏维埃与土地革命的认识。西北斗争虽然在反动派的武装压迫改良欺骗，部分群众的表现着疲倦，工作上的困难，斗争形势是向前发展的。党要无情的肃清右倾危险，坚决执行党的正确策略，刻苦的打破一切困难，抓住一切机会深入群众，加紧发动斗争，是很快可以转变发展西北斗争。

分委目前对西北（斗?）的布置应加紧秋收斗争，联系到年关斗争为中心发展新的革命力量，使与赤色区域斗争力量联成一片的行动，运用游击战争的方式消灭敌人的反动武装，恢复原有的赤色区域权，巩固苏维埃基础向外发展。因此，分委要你们根据闽粤赣苏维埃党代表会议的精神，根据分委目前对西北斗争的布置来布置你们的工作，加紧你们的工作！

……

五华、梅县、丰顺四五区的逆军逆警这几天开向兴宁、梅县上游，听说是红军向平蕉松源发动，不知真确否？据我们估量或者是有其事，你处和赣南一些情形及红军消息与行动，希报告来！

……

交通工作是党的重要工作的部分，交通工作不好，一切工作都因此而产生困难。分委要提起党加予注意，工作费大部分用在交通费上有计划的建立交通工作，过去党重点×，管理党的交通是不妥当的，分委决定各地交通工作收归党管理，同时各地党委注意当地交通工作外，分委决定暂时龙川要负责通兴宁、五华的交通工作。兴宁要负责通龙川、寻乌、蕉平的交通工作，蕉平寻要负责通兴宁、闽西的交通工作。交通路线沿途须计路程之适合，设立交通站，并派同志专门负责交通员，由该各县党部负担。此一工作的执行情形，希报告来。

—完—

此致

斗礼！

苏弼

（1930）12.11

注：此件说明，1930年12月11日前，中共领导粤东北包括今梅江区的梅县苏区领导机构——中共闽粤赣西北分委已成立。

（资料来源：江西省档案馆藏1931年档案第G001全宗2目403卷，第2页）

中共苏区中央局通告（第一号）

——苏维埃区域中央局的成立及其任务

（1931年1月15日）

一、目前中国革命形势

二、党的主要政治任务

三、党对于苏区工作布置和计划

中央根据三全会议的决议，对于苏维埃区域的工作，决定

（a）对于建立全国苏维埃根据地，在这三个条件之下：1. 土地革命的发展，加上已有广大群众基础或是已有这个条件能很快的发展起来的区域；2. 这个地方有强大红军组织；3. 这个区域便利向一个或几个中心城市发展。决定全国苏维埃区域，划分五六个：

（一）赣西南特区与湘鄂赣边特区为苏维埃中心区，中央临时政府建立在此区。（二）湘鄂边苏维埃特区，包括鄂西、湘西北；（三）鄂豫皖赣边特区，包括鄂东北、豫东南、皖西。（四）赣闽皖边特区，包括赣东、闽北、皖赣边。（五）闽粤赣特区，包括闽西、广东东北、赣东南一部分。（六）广西左右江苏维埃特区。

对于苏维埃区巩固的发展的路线和工作：

……（九）苏区中央局的任务和作用：中国为加强党对苏区的领导和工作的指导起见，在中央之下设立全国苏维埃区党的中央局（在政治上组织上同南方局、长江局一样受中央政治局的指导），管理全国苏维埃区域内各级党部，指导全国苏维埃区域内党的工作，将来苏维埃区扩大的区域，仍归苏区中央局管理，现在决定周恩来、项英、毛泽东、朱德、任弼时、余飞、曾山及湘赣边特（区）一人，CY 中央一人组织之，现已正式成立，开始工作，以后全国各苏区及红军中党部（总前委取消）应直接受苏区中央局指导。但目前许多苏区尚未与中央区连接起来的，因指挥不便，暂受各地最高党部指导，将来一打通之后，则全归苏区中央局指导。

注：此件说明，中央苏区局划定的闽粤赣特区实际控制区域，包括广东东北（粤东北）部，今梅江区是闽粤赣特区实际控制区域。

（资料来源：《中央苏区中央局通告》第一号合订，复制自

《中共党史教学参考资料》（第 14 册），中国人民解放军政治学院党史教研室编，第 14 册由林蕴晖选编，林蕴晖、李浚统编，1985 年 6 月，第 620—622 页）

中央给闽粤赣特委信

——闽粤赣目前形势和任务

（1931 年 4 月 4 日）

闽粤赣特委：

没有得到你们的正式报告，仅据闽省委的来信闽西交通的传述和敌方的报载，知道了闽西目前走到了非常严重的时期，中央认为闽西这一严重状态的造成绝不是偶然的，一方面是过去立三路线种下来的恶因，如放弃巩固根据地的任务，采取冒进攻坚政策，不注意红军成份［分］、干部与党的加强，只企图猛烈扩大，一杆枪都要集中到红军手里来，结果红军攻入东江，使闽西的根据地动摇，红军遭受了敌人的打击，红军的战斗力大大丧失；又如不曾加紧反富农的斗争，使富农分子存留在党内，参加到政府和红军中，以及党的组织不严密和政府人员的腐化，经济政策的错误，土地革命的利益被富农攫去。另一方面在敌人向红军的总进攻中，不仅是调动了几十师的兵力，而且动员了整个反动阶级力量，尤其是在过去第一次总攻击的失败和现在第二次总攻击的遭受了部分的打击（如平汉线）的时候，更使敌人积极从各方面来向苏区进攻——普遍的白色恐怖积极的打入到党的组织内和红军中来从事破坏（闽西的所谓社会民主党，江西的 AB 团以及其他地方的改组派等等），从蒋介石到傅柏翠都有整个的联系和计划的。我们指出这两点是使你们了解我们主观上的原因——立三路线给了敌人以进攻的机会。同时应了解目前敌人向革命势力进攻的形势——动员了整个的反动阶级力量，从各方面的向我们进攻。

闽粤赣是整个中央区的一部分，他应当巩固这一根据地打通中央区的联系，但在今天闽西这一严重情况之下，闽西首先应当保持这一根据地。如果企图将闽西的红军与中央区会合，必然要放弃闽西根据地，便使中央区失掉了一部分的后防，使闽西……

注：此件说明，中共中央已明确，成为闽粤赣特区实际控制区域的今梅江区，是当时整个中央苏区的组成部分。

［资料来源：《闽西革命文献资料》（第五辑），中共龙岩地委党史办编，1984 年 7 月版，第 133 页］

分委通告第二号

——加紧年关斗争反对进攻苏维埃及红军

（1931 年 12 月 27 日）

一、旧历年关已到！在这时候适值帝国主义国民党军阀加紧向苏维埃区域及红军进攻的当儿。因此，加紧年关斗争，从实际行动中来反对进攻苏维埃及红军是目前党在领导斗争中最中心的任务。尤其是东江西北的党，更应抓住年关，一致动员深入群众中去，加紧发动领导广大群众的斗争，打破敌人的“围剿”，恢复苏维埃、巩固苏维埃基础猛烈对外开展争取以梅县为中心的胜利转变西北的斗争。争取以西南的斗争有平衡的开展，与闽西赣南的斗争有繁衍的联系，向争取全国苏维埃胜利的道路前进，这是西北党当前最迫切最严重的任务。

二、年关斗争的客观形势

秋收的时候，西北在敌人的围攻下，遭受武装割禾抢夺米谷。迫租迫债，抽剥捐税，抢牛掠猪焚烧屋宇、群众生活痛苦已达极点。目前在军阀混战暂时休息，他们为要准备下次更扩大、更残酷的战争，企图先巩固其后方而加紧向苏维埃区域红军进攻当中，城市空前的白色恐怖，苏维埃区域的大烧、大杀、大抢掠影，豪绅地主反动派乘此时机，更［肆］无忌惮的更残酷的来压迫剥削群众，劳苦群众，生活的痛苦，比秋收时候更厉害，因此，而革命危机加深，反动统治下的群众，他们因受敌人无情的抽剥，另方面因受苏维埃共产党和红军的影响者，更认识和仇恨敌人阶级，益倾向革命，他们已逐渐在实际行动斗争起来，现在只是党在反动统治底下领导斗争主观力量薄弱的问题，反动统治下群众斗争的客观条件，已是具备了苏维埃区的群众，数月来在过着那严酷的白色恐怖底下惨痛的生活，固然有些少数富农动摇份［分］子逃跑叛变，然而广大的贫苦群众，他们都仇恨敌人透骨，表示坚决为苏维埃政权奋斗。现在年关已到，资本家店东豪绅地主反动派，必然大肆凶酷来剥削压迫劳苦群众，劳苦群众更加上重重的痛苦，年关就是："难关"。这一"难关"真是难以渡过，只有斗争才能渡过这一"难关"，斗争才是唯一的出路，因此在这年关更充实了革命斗争的客观条件，党绝对不应放轻这一年［关］斗争的机会，来更广泛的开动群众斗争，尤其西北的党更要抓紧年关来转变开展西北的斗争，从开展年关斗争的实际行动中来反对进攻苏维埃，从开展年关斗争的实际行动中来反对进攻红军。

三、年关斗争的布置

分委对西北斗争已有整个的布置（参看十二月二十四日分委常委会决议案），另一方面分委自开始工作至今，尚未得各县委对各县斗争情形的详细报告，对各县实际情形未得明瞭无以根据来布置年关斗争工作，因有以上两点原因，分委对年关斗争的布置有以下原则上的指示，希各地党部依此原则及参照分委常委会对西北斗争布置决议案内容，更配合当地的实际情形很具体来布置年关斗争工作！加紧动员切实执行！

（一）加紧发动城市的斗争，广泛的发动工人，要求增加工资“反对年关开除工人”“反对恶东虐待”“取消对工人的苛训”“救济失业工人”……的斗争，在这里，我们要以梅县城兴宁城梅江梅寻路韩江及五华，蓬船工人为中心，特别要布置发动领导这些地方工人的斗争，以致组织政治罢工，我们尤有计划的从斗争中去发展赤色工会的组织，建立和扩大工人纠察队的组织，发动城市贫民，要求发给米食“要饭吃，要衣穿”……的斗争，从斗争中去建立和发展贫民协会的组织，发动学生，“争集会结社读书看报自由”“反帝国主义反国民党”……的斗争。城市工作的薄弱，城市斗争不能与农村斗争的配合发展，这是革命斗争不能取得更快胜利，苏维埃基础未得巩固，不能猛烈向外发展的最主要原因，在这年关，各地党部必须用充分的精神和力量来发展城市的斗争建立起城市健全的基础。

（二）加紧发动反动统治下乡村的斗争，目前反动统治下乡村群众一般的受苛捐杂税的剥削很厉害，我们应抓住他们的迫切要求，发动他们抗捐抗税的斗争，如“反警卫队费”“反保甲费”“反抽收警卫队谷”“反灶头捐”“反牛猪捐”“反眠床捐”“反红军捐”“反有货捐”“反对讨租尾”“抗债”“抗息”……我们尤要发动群众直接行动来反对进攻苏维埃和红军的斗争“反对拉夫”“反对替敌人任交通运输”“反对召集警卫队进攻苏维埃红军”“反对替敌人任向导”……在布置发动统治下乡村的斗争中，应切实布置广泛发动游击战争，使斗争激烈扩大起来，同时要使斗争建立和发展农民委员会的组织，普遍深入苏维埃法令的宣传鼓动，发动分配土地建立乡村苏维埃的斗争、从斗争中去建立新的苏维埃区，发展苏维埃区。

（三）加紧领导苏维埃区的斗争，苏维埃区在年关斗争中最主要的任务，要集中苏维埃区的力量消灭苏维埃区内的白点，内外发展帮助非苏维埃区的群众斗争，配合斗争的力量，走向夺取以梅县为中心胜利的前途，在这里苏维埃区的党反苏维埃必须教育，动员苏维埃区的群众，去发动和领导非苏维埃区的斗争，丰梅方面，更要抓住此一年关斗争来恢复原有的苏维埃对外开展，在这年关内，苏维埃区必须号召所有的红军、赤卫队、少年先锋队，劳动童子军，以及各种群众组织，举行大检阅，有计划的大整顿，扩大一切武装组织及群众组织（贫农雇农工会手工业工会劳力工会……），一致动员坚决消灭苏维埃区内的白点猛烈向外发展，各级苏维埃政府在这年关必须召集群众会议，报告苏维埃过去的工作，和明年的施政方针（各级苏维埃事前必须开会讨论过）扩大深入苏维埃的影响使群众更深刻认识苏维埃，彻底为苏维埃政权奋斗。

（四）（略）（五）（略）（六）（略）（七）（略）

（八）实际检查工作：各地党部接到此通知后，必须立即召集会议，切实布置年关斗争工作紧张动员执行，并随即将决定工作计划报告分委审查，旧历十二月廿五日至卅日各地党组织对年关斗争须作第一次的检查，检查结果须即报告分委，后年正月廿五日至卅日作第二次的检查，并定出以后更切实的工作计划，也须即报告分委，这一工作的检查，应由上而下（由分委至县至区委支部）的实行，不得敷衍从事！至要

西北分委印 12 月 27 日

蕉平寻县委翻印 2 月 1 日

注：此件说明，（1）1931 年 12 月，中共领导包括今梅江区的梅县苏区机构——中共闽粤赣西北分委仍存在。（2）其时，包括今梅江区的梅县苏区是粤东北斗争的领导中心。

（资料来源：原件存江西省档案馆1931年档案第E1全宗2目13卷，第1—4页）

中共闽粤赣省委特别通告

——发展革命战争，消灭闽西三面敌人

（1932年2月16日）

各县委、各区委、各支部：

帝国主义进攻上海瓜分中国的暴行，已经引起全国工农群众像火烧一般起来斗争了。现在福建要与全苏区一致，全体动员发展革命战争，反对帝国主义瓜分中国，打倒帝国主义国民党的统治，实现一省或数省的革命首先胜利！

现在，福建苏区已成立军事指挥部，指挥十二军、独立师及各县地方武装，发展革命战争，巩固闽西，向闽北发展，使闽赣苏区打成一片。十二军是福建苏区的主力，特别要负责完成与巩固福建全省的苏维埃政权。

注：根据“1932年5月，CP福委秘荣32.5给梅丰委黎叶函”，各县委已包括中共梅丰县委，今梅江区的梅县苏区已归中央苏区福建省领导。

［资料来源：《闽粤赣边区革命历史档案汇编》（第一辑），福建省档案馆、广东省档案馆合编，1987年4月出版，第47—58页］

省委通知（第五号）

——关于八一节的工作

（1932年7月10日）

各级党部：

伟大的国际日——八一节又快到了！

“八一”是全世界无产阶级动员自己队伍与检阅自己的力量反对世界武装拥护苏联大示威的日子。（略）

（三）扩大与健强红军

1. 以长汀、上杭二县为中心成立补充团，七月十五号都要筹备成立。

2. 在八一运动中要做到省委所规定各县三个月扩大红军数量三分之一，即：

长汀500，新泉200，上杭500，连城50，汀市50，永定200，西河150，宁化100，武平200，龙岩200。

中共福建省委

七月十日

注：据王维、王华、陈仲平等老红军回忆，其时福建省苏区对梅县包括今梅江区苏区的指导、领导，主要由中共武平县委负责，并分担福建省苏区给武平县的任务。

（资料来源：《福建省革命历史文件选集》，中央档案馆、福建省档案馆编，1986年12月版，第191—195页）

前委通告第三号[①]

——分兵争取群众的意义及工作路线

（1930年3月18日发于赣州城楼梯岭）

（略）

---

① 此件系江西省政府主席鲁涤平于民国19年（1930年）3月16日向国民党政府的报告附件。

（一）环境分析和行动计划

在上述环境之下，红军第四军的行动应该以三个月为期分兵分路游击，其游击区域应是：赣南之赣县、于都、瑞金、会昌、南康、信丰、安远、寻乌各县；东江之五华、兴宁、丰顺、梅县、平远、蕉岭、大埔各县；

（二）同时扩大同时深入

寻乌的红色区域与东江红色区域原来是通的，这样三省的接连都成功了。(略)

注：此件说明，红四军探索创建中央革命根据地初期，已决定把梅县（含梅江区）纳入要开辟的根据地范围。

（资料来源：《闽西革命史文献资料》，龙岩市委党史研究室编，1982年10月版，第176页）

中央革命军事委员会密令（节录）

（密字第一号）

（1933年8月28日）

第一，敌情判断（略）

第二，作战纲领（略）

乙、粤赣军区直属的基干兵团是第廿二师，其作战分区规定如次：

一、信丰、于都、西江划为粤赣军区第一作战分区，以独立第六团为基干兵团，指挥机关设新陂小溪地区，其指挥要旨如次：

A. 破坏信丰至重石和安远的交通，袭击和侧击安远敌人，特别是该敌向会昌方向前进时。

B. 破坏信丰至赣州的交通，袭击和侧击赣信方面的敌人，特别是该敌向于都前进时。

C. 信康间和信南地带挺进游击并南雄远殖游击队，造成其为游击区域，并向虔南、连平派出南雄远殖游击队。

D. 加强并连络南雄远殖游击队。

E. 巩固信丰以及安远北部的苏区。

F. 在重合北部及于河信河交会的上游，选择适当地点构筑堡垒，以少数兵力扼守，来配合基干兵团地方部队的灵动作战，拒止敌人，以便我基干兵团各个击破敌人。

G. 以挺进游击队打破赣要道上的经济封锁线。

二、安远、寻乌、筠门划为第二作战分区，以独立第五团为基干兵团，指挥机关设清平圩长安圩清溪一带，其指挥要旨如次：

A. 以挺进游击队破坏寻乌吉潭敌人平远大拓罗浮的交通线，并打破其经济封锁线，繁殖游击队将这一地带造成游击区域，随时灵活游击寻乌吉潭方面之敌。

B. 以挺进游击区破坏安远通寻乌与魏圩冈头寨的交通，并在这一交通线附近造成强大的游击区域，游击安远方面的敌人。

C. 寻乌吉潭和安远重石之敌进攻苏区时，须适时敏捷打击和阻扰这些敌人，以协助基干兵团作战。

D. 须沿五华山脉向五华、龙川间派出南雄远殖游击队。

E. 普遍发展游击队来保持安寻门原有苏区。

三、会昌、武平、上杭、河西划为第三作战分区，以独立第十团为基干兵团，指挥机关设惰村附近，其指挥要旨如次：

A. 游击武平附近平女付之敌，并先从西北两面逼近武平而赤化之，如该敌向筠门岭会昌和瑞金进攻时，以灵活地予以打击或阻挠，以利基干兵团作战，并挺进破坏武平通下坝的交通，造成游击区域，打破敌人经济封锁线。

B. 逼近上杭之敌游击，而恢复上杭西北两面的苏区，如该敌向西北面移动时，即为动打击或阻挠之。并挺进破坏上杭通武平和岩前象洞的交通，造成向南发展的游击区域。

C. 肃清武杭西北两面的团匪，恢复并巩固其政权。

D. 挺进打破敌人上杭河的经济封锁线。

四至六（略）

代主席项英

副主席彭德怀、王稼祥

注：河西指梅江河西岸，即梅县（含今梅江区）苏区。此件说明，当年，梅县（含梅江区）苏区在第五次反“围剿”战争中，是中央苏区第三作战区范围。

（资料来源：《中央苏区江西省》，《江西党史资料》第十四辑，第166—170页）

附录三 红色歌谣

送郎当红军

一送郎，当红军，革命道路正光荣；
家中事情莫挂虑，英勇杀敌立大功。

二送郎，出门庭，联系处处要留神；
细心分别真与假，莫把坏人当好人。

三送郎，到桥边，石桥南北紧相连；
工农战线要巩固，冲锋杀敌要争先。

四送郎，出外村，党的命令要服从；
临阵退缩最可耻，战场立功美名闻。

五送郎，到长亭，嘱郎英勇杀敌人；
纵为主义牺牲了，革命事业妹继承。

六送郎，到湖滨，永远记住爱穷人；
穷人就系亲兄弟，工农原是一家人。

七送郎，过竹林，豪绅地主是敌人；
见了敌人饶不得，你饶他来他无情。

八送郎，到坳下，莫贪钱财莫贪花；
一心革命干到底，切莫时刻想念家。

九送郎，村过村，前面队伍是红军；
革命就有好出路，最后胜利属我们。

十送郎，到九龙，临别赠言记在胸；
郎当红军杀敌去，妹做工作在村中。

同志哥和同志嫂

男：同志嫂，莫发呆，肚里心事爱想开；
涯今参加红军去，革命成功才归来。

女：同志哥，心莫慌，坚决勇敢上前方；
冲锋杀敌打头阵，消灭敌人正应当。

男：同志嫂，涯唔愁，心中时时想计谋；
英勇斗争不怕苦，自有好日在后头。

女：同志哥，要坚贞，时时想着杀敌人；
我们大家齐动手，打倒白匪不留情。

男：同志嫂，系么差，官僚好比青竹蛇；
拿起钢刀横腰斩，打它流水又落花。

女：同志哥，想到家，计划出来么点差；
　　州且乡村皆赤色，才能巩固苏维埃。

我拿铁笔[①]妹拿刀

女：松树顶上出月光，
　　松树底下好商量，
　　闻说白匪快来到，
　　妹子劝郎出外乡，
　　免至池鱼受灾殃。

男：上山破竹做箩筐，
　　一皮篾青一皮囊，
　　一个阿哥一个妹，
　　有哥做胆心莫慌，
　　有福同享祸同当。

女：上山破竹爱柴刀，
　　落水撑船爱竹篙，
　　抵御敌兵爱武器，
　　手无寸铁恁奈何，
　　三十六计走为妥。

男：拔下棘头不留根，
　　阿哥有胆畏谁人？
　　家中有枝铁笔子，

① 铁笔即铁矛。

磨利铁笔同他拼，
拼到白匪命归阴。

女：一条麻竹架过坑，
哥系敢行妹敢行，
妹子有张大刀板，
擎起白狗胆会惊，
这回打仗敢包赢。

男：鹞婆展翼飞山坡，
卤铁专寻硬石磨，
阿哥专寻白匪打，
我拿铁笔妹拿刀，
村前村后去巡逻。

女：鸡啼三遍天大光，
露水满身透心凉，
红军大队已赶到，
打得白派无处藏，
丢下龟壳满山岗。

男：吹散乌云见太阳，
欢迎红军转家堂，
阿哥煲茶妹煮饭，
全家大小喜洋洋，
如同接见亲爷娘。

（原载《梅江文艺》1979年第3期）

同志起因头

张丙[①]同志起因头，领导穷人唔使愁；
革命总有成功日，茅屋烧掉住洋楼。

红军打仗为工农

红军打仗为工农，铲除一切寄生虫；
铁锤砸烂旧世界，镰刀隔断穷苦腾。

当兵就要当红军

韭菜开花一条芯，当兵就要当红军。
天下豺狼不打尽，世上穷人难翻身。

苏区政权一枝花

苏区政权一枝花，花根长在穷人家；
贫苦农民有了党，红色政权遍天下。

李坚真在九龙嶂苏区唱山歌

涯话亚妹你莫愁，白匪烧杀罪该除，
革命定有成功日，瓦房烧毁盖新楼。

小溪出水大溪流，同志姐妹处处有，
今日重上铜鼓嶂，来日下县打九州。

---

① 张丙即古大存的化名。

张剑珍唱山歌

人人喊涯共产嫲，死都唔嫁张九华①，
红白总要分胜负，自花谢了开红花。

① 张九华是当地有名的大地主。

后记

根据中国老区建设促进会2017年下发的《关于编纂全国1599个革命老区县发展史的安排意见》以及广东省老区建设促进会、广东省老区建设办公室关于印发编纂《革命老区县发展史》从书有关文件的通知，在省、市老区建设促进会的指导下，遵照梅州市委办公室的通知要求，梅江区委、区政府高度重视，于2017年12月18日，成立《梅州市梅江区革命老区发展史》编纂委员会和编辑部。编纂委员会设在梅江区老区建设促进会，下设编委会办公室，负责日常工作。12月26日，召开《梅州市梅江区革命老区发展史》丛书编委成员和编辑部全体人员会议，根据《广东省〈革命老区县发展史〉丛书编纂大纲》和《广东省编纂〈革命老区县发展史〉丛书规范要求》文件，编纂人员认真学习研讨，在吃透文件精神的基础上，集思广益，制定编目，明确任务，分工负责，分步实施。编纂中，编辑人员查阅了《中国共产党梅州市历史大事记》《梅丰埔边县党史资料汇编》《梅县志》《中国共产党梅县历史》《梅县市老区志》《中国共产党梅州历史》《梅州市梅江区志》《梅江年鉴》《中国共产党梅州市梅江区历次代表大会文件选编》《梅州市梅江区国民经济和社会发展第十三个五年规划纲要》《九龙星火》《古大存传》《陈毅传》《罗荣桓传》《叶明章传》《中央苏区县——梅江区资料汇编》《陈仲平传》《百岁老红军谢毕真》《浩浩梅江》等著作、文献，同时组织编纂人员采访革命老前辈后裔，掌握第一手资料，按编写要求和编辑出版说明认真撰稿，经过6个多月的艰苦努力，2018年7月上旬，《梅州市梅江区革命老区发展史》丛书初稿基本完成。7月19日，广东省革命老区县发展史编纂工作培训班结束后，编辑人员对照《革命老区县发展史》丛书编写具体规范要求和编辑出版若干问题的说明，发现丛书初稿存在一定的差距。为确保丛书的出版质量，编辑人员继续搜集资料，认真补充完善，于7月下旬，将文稿交给总纂人员。经过总纂人员反复修改、归纳、提炼、规范，数易其稿，可谓历尽艰辛，形成样书。10月23日，梅江区委、区政府召开离退休老干部座谈会，编委会将《梅州市梅江区革命老区发展史》样书分发与会的领导和离退休老干部，广泛征求意见，并将提出的建议意见进行修改补充完善，交编委会审核，再由区四套班子领导审定。封面、封底由中国老区建设促进会统一设计，广东人民出版社终审，定编书号，公开出版。

《梅州市梅江区革命老区发展史》丛书的编纂工作，是在区委、区政府直接领导下进行的，并在人力、经费上给予保障。在编纂过程中，得到梅县区委办公室、档案馆，梅江区委、区政府办公室，区史志办、民政局、档案局、教育局、发展改革和科学技术局、统计局和梅州市剑英图书馆、青春百年照相馆以及革命老前辈的大力支持，在此，谨致谢忱。由于丛书历史跨度时间长，编者水平有限，经验缺乏，加上梅江区是1988年3月梅县市撤销分设的县级区，资料不全，有错漏之处，敬请读者批评指正。

《梅州市梅江区革命老区发展史》编委会

2019年3月